New York
New York
New York
New York
New York
New York
New York
New York
New York

勇闖大蘋果！紐約的受挫力養成課

翁琬柔——著

誠摯推薦

每個篇章都是真實的經歷幻化成的韌性教程，實屬珍貴難得。曾經遠赴他鄉生活過的我，在看的過程點頭如搗蒜。相信本書中有作者見解的生活觀察，也能讓讀者擁有閱歷這個「大蘋果」的體驗。

——艾兒莎（女力學院共同創辦人）

為了幫琬柔寫序，我才驚覺，離我自己當初赴美讀書，竟已過了快三十年。三十年聽起來那麼長，但看琬柔的文字時又忍不住要想，怎麼會跟我走過的路那麼像。

其實琬柔這一輩年輕人比我那時更積極多了，還去聯合國申請實習，我那時能把教授交辦的報告寫好，就謝天謝地了。但我覺得跟琬柔心有戚戚的，是一咬牙、走出臺灣的舒適圈，看到外面世界時的震憾，尤其是紐約，這個殘酷又迷人的城市。

在疫情後，連出國旅遊都難，更何況像琬柔這樣在紐約長住的經驗，真的很難得，推薦給大家。

——范琪斐（資深媒體人）

第一次見到琬柔，是在我們彩排范琪斐的二〇二〇年美國總統大選開票直播的連線畫面上。范姐那時跟她說：「我不確定什麼時候會連過去，也不確定多久會切回來，反正妳就看狀況，跟我們講一下現場情形。」如此籠統不明確的指令，但琬柔只說了沒問題，就在紐約路邊戴著耳機等我們。我當下覺得，哇，好厲害。

之後漸漸和琬柔熟識、讀了許多她的分享，才理解，那個厲害並不是因為她先天就是個有自信的強者，也不是她比別人勇敢、不害怕失敗，而是她只要下了決定，就去做，就算失敗，也會想辦法把這個失敗變成未來成功的養分。

或許正因為這份頑強的受挫力，她才能過得如此無悔，並且無畏地實踐自己的美國夢。

所以，挫折什麼的，就來吧！

——動眼神經（眼球中央電視臺製作人）

每個勇闖紐約然後留下來的人，都要經歷的掙扎和挫折，琬柔大概是以十倍的壓縮頻率在短時間內，都經歷了。除了一般可以想像的語言、文化、經濟、氣候、種族議題，她還碰上了COVID-19這枚生化炸彈，從二〇一九年直到這本書要出版了的二〇二二年，我們都還沒翻過身去。

她站在COVID-19的風口上，被無情的移民政策和超高失業率恐嚇，打包回臺其實是最容易的，反正疫情當頭，回臺也不算失敗。可是琬柔沒放棄，把新聞當成使命、把臺灣當成嫁衣、把自己當成大白鼠、看完本書你會想：她怎麼能遇到這麼多挫折？

紐約是很美的，美在每個人都有自己的特色，但你要能留下，必須退去一層層你單純的本色和想像，穿上另一件更合身的現實感，這就是琬柔筆下的紐約，美得很勇敢。

——許嬰寧（諮商心理師）

「跳出舒適圈」這句話並不適用於所有人，起碼不適用於我。我在舒適圈就是一個戰士，跳出去，我屁都不是。我真心佩服跳出去，又能活下來的人。在紐約工作、參觀CNN、與紐時營運長對談、到聯合國實習……都是讓新聞系出身的我相當羨慕的經驗。透過琬柔流暢的文筆，動人真摯的敘述，彷彿跟著一起經歷勇闖大蘋果的困難跟多采。

如今的網路環境，每個人的表達欲都下降了，因為可以省很多麻煩，那些小情愫終究也在時間裡消失殆盡。可琬柔身上有新聞人傳遞真相的熱情跟信念，乘載在滿滿的表達欲跟分享欲上，這是即使我跟她無法天天見面，但非常喜歡看她限時動態、半夜找她聊天的原因。誠摯推薦這本書，感受一下重度真誠的表達吧！

——張嘉玲（「加個零」文化傳播創辦人）

前言　若在紐約能成功，到哪裡都沒問題？

如果問我紐約是座怎麼樣的城市？我會說，紐約是個會讓你忘卻時間的地方。

二〇一八年夏天，我毅然決然辭去熱愛的新聞工作，拉著兩個行李箱，離開臺北的家、飛往紐約，以窮留學生的身分揭開了大蘋果冒險的序幕，面對的是一片未知卻刺激著我每條神經的世界。

一到紐約，我搬進了曼哈頓一間三房一廳的房子，紐約房價高得驚人，小小一個約莫三坪、需要跟室友共用衛浴的房間，每月要價一千七百五十美金，搭一趟地鐵要二．七五美金，一頓午餐含稅含小費十五美金跑不掉，一杯珍奶七美金起跳。剛從臺灣到紐約就立刻被高昂物價嚇到不敢外食，以前在臺灣一口渴就點來喝的飲料就這樣戒了，加上嫌地鐵貴，到哪裡都用走的，每天走兩、三個小時是家常便飯，才到紐約第一週，我就瘦了三公斤。

在商學院修金融學時，老師在臺上講著「違約風險溢價」、「到期風險溢價」，同學振筆疾書，全班似乎只有我心慌意亂，於是我把假日的時間全拿來念書，追上同學的腳步。同個時間我也在聯合國實習、當助教，最後剩下來的時間，也要為畢業後找工作做準備，拚命投履歷、準備面試，過著一天睡不到五小時的生活。

每次覺得很痛苦時，我都會想起跟公司提出辭呈的那一刻，所有人都無法理解為什麼我要放棄順遂的職涯到紐約重新開始，資深前輩更熱心地勸我：「妳想清楚了嗎？妳如果最後在美國沒有找到工作，回來臺灣後，位置也很可能不會跟現在一樣了喔。」她的話現實也真實，她的建言也讓我不斷審視自己的決定，做新聞，學歷絕對不是最重要的，而且我已經有一個碩士學歷了，真的需要辭職再念一個碩士嗎？然而，當時我想要改變現狀的念頭戰勝了理性，既然到美國闖蕩是自己的決定，那再怎麼苦也只能咬牙撐下去。

在紐約的一千多個日子，我吃了所有窮留學生都曾嘗過的苦；努力爭取到聯合國當小實習生，見證各國元首開會的場面；經歷無數面試失敗的挫折，體驗拿到工作offer的喜悅；我也曾毫無防備地被失業、被資遣，感到無盡的絕望，每當我面對這些人生起伏，我總會想起我的商業策略教授在結業時對我們說的話：「你們不要忘記，這個世界每分每秒都在變化，包含我講話的現在，你們腳下的地殼也在動，所以具備接受變化的能力非常重要，未來能否成功的關鍵，是你們面對變化的適應力。」

如彩虹般耀眼的紐約是全世界最自由的城市之一，人們不太會因為膚色被評價，異性戀、同性戀都能大方在街上牽手，想笑就笑、想擺臭臉就擺，經過的車子惹到你了？對駕駛大吼或比中指都是街頭常見劇碼，這是充滿機會與夢想的城市，每天都有人提著裝滿希望的行李箱抵達紐約，但同時，也有許多人帶著失落離開這個競爭激烈的地方。

法蘭克辛納屈的〈紐約，紐約〉之所以被傳唱數十年，成為紐約客心中最具代表性的紐約市歌，是因為他唱出了世界對大蘋果的憧憬，洋基隊主場比賽結束唱它、跨年後的時報廣場播放它、紐約幾所大學畢業典禮當然也有它。剛來時我對這首歌沒有特別的感覺，在紐約待了幾年後，我突然聽懂了！這首歌裡有句歌詞是這樣唱的：「If I can make it there. I'll make it anywhere. It's up to you. New York, New York New York, New York」這句歌詞充滿了紐約的堅毅，後來也被很多人拿來當作勵志金句：「如果你能在紐約成功，你在任何地方都不會有問題。」

在這座二十四小時運轉的不夜城裡，有來自世界各地最優秀的人才，人們的匆忙步伐隨著快速變遷的社會，讓我感受到自己的渺小，來紐約不過三年，我不敢說自己站穩腳步了，但我希望每天都能在這個城市看到自己的進步，期盼能繼續做著自己喜歡的事，用自己的雙眼見證世界，記錄在大蘋果的小故事。

目錄

Chapter 1
創一條人生的新路
我在美國那幾年

Chapter 2
紐約冒險新篇章
履敗履戰的美國求職路

Chapter 1

創一條人生的新路 我在美國那幾年

出國，只為跳脫舒適圈？

我想去美國生活！要去，就要去媒體之都，
去見識全世界最繁忙的城市——
決定了，就是紐約！

「妳已經三十歲了，還想去美國再念一個碩士？沒打算結婚生小孩嗎？」這是我的父親得知我想到紐約念書時，對我說的第一句話，沒有反對我的決定，卻透露不少身為父親的擔憂。

二十四歲時，我從日本慶應大學拿到媒體設計碩士學位，抱著「非新聞不做」的決心回到臺灣，初生之犢不畏虎，憑著一股熱血的新聞魂，在電視臺開始國際新聞的工作，一晃眼六年過去，我從一個只能在辦公室翻譯、幫在第一線採訪的前輩處理新聞畫面的小編譯，蛻變成能獨當一面，有新聞大事就能跟攝影兩個人說走就走的國際新聞記者，也開始在新聞臺兼任播報工作。一切看似步上軌道，卻讓我開始思考，新聞工作的極限在哪裡？我的職涯天花板在哪呢？這份工作每天都能學到新的事情，卻仍隱約給我一種「只能在原地做不同事情」的停滯感。

過去幾年，我能採訪的新聞一直都是在日本、韓國、東南亞等國家，一旦歐美地區發生大事，由於語言限制，我不是第一個會被派出去的人，「我想去美國生活！我想說流利的英文！」憑著這樣的想法，我萌生了到美國念書的念頭，要去，就要去媒體之都，去見識全世界最繁忙的城市——決定了，就是紐約。

挑戰不能只靠衝動完成

那時的我已經過了三十歲，才動了想到美國生活的念頭，既然不想靠嫁人，只好認命選了讀書這條路，從托福跟GMAT開始，我每天過著提早一個半小時起床的生活，堅持在上班前花一小時背單字或做題目，就算是早上五點的班，下班後也要頂著濃妝乖乖坐在補習班第一排認真聽課。那年的元旦，我坐在星巴克盯著數學課本，忍不住問自己到底何苦？

說出來有點不好意思，我三十歲前是個不折不扣的月光族，萌生留學念頭前，銀行存款從來沒超過十萬，開始補托福跟GMAT後，交完報名費我手頭就緊到得天天從爸爸的存錢桶拿零錢買午餐，靠著家人幫助跟自己貸款，從此揮別大手大腳花錢的日子，千辛萬苦來到紐約，沒想到，挑戰仍一個接一個來。

剛到紐約時，腳上無緣無故起了又紅又腫的疹子，我得獨自前往各醫院檢查，還要查字典才聽懂醫生在講什麼；為了選修商學院的課，無論是金融或國貿都得算數學，還曾算到非常挫折而落淚。最後一學期，我幸運得到在聯合國全職實習的機會，開始白天實習、晚上上學、週末念書的日子，一邊當助教、一邊努力找工作，忙到連睡覺都是奢侈，什麼追劇、運動、跟朋友聊天，想都別想！好不容易才在畢業前找到工作。原以為已經過了最難的難關了，卻碰上COVID-19疫情肆虐，被迫失業，公司正在幫我辦的綠卡也飛了。

這些挑戰現在寫來仍覺得驚奇，忘記自己如何克服的了，如果仍留在臺灣，這些挑戰我應該此生都不會遇到，但如果再選一次，我還是會選擇來紐約，因為這些挑戰也讓我接觸到更多不同的人事物，不會有交心的外國朋友，也不會有國際工作經驗，更不會培養出面對挫折的強壯心智，這幾年在紐約，我成長的速度相當驚人。

但我真的是只憑一股勇氣跟衝動就出發了嗎？當然不是！超過三十歲，要放棄穩定的工作、正在變好的職涯出國唸書，絕對是需要謹慎思考、審視手中所有籌碼的重大決定——時間、金錢、家庭、職涯、機會，還有，失敗後的退路？

還沒開始就先思考失敗，絕對不是太過小心或太悲觀，因為必須先了解失敗的話會失去什麼？最壞狀況有哪些？建議有志出國留學、甚至在異國開創人生的朋友，都要先把「為什麼要出國」這個問題理清楚，只要大方向想通了，很多事都會有答案。

舉例來說，到美國唸書，就讀的科系會影響到自己能否留在美國工作，大多數文科的學生在畢業後只會拿到一年的OPT簽證，如果是念STEM科系的數據、理工類別，通常能拿到三年的OPT簽證，也比較容易獲得公司贊助工作簽證，所以如果出國的目的是「要在美國找到工作」，就要很謹慎選擇這幾年比較好找工作的數據分析、電腦科學相關科系。

當時我出國的動機是「想說流利英文」，所以科系選了我有興趣的媒體管理學系，對畢業後的簽證、就職沒有太深思熟慮，只先確認了如果在紐約念完書後找不到工作，最壞的狀況就是回臺灣繼續當記者，新聞業是我很喜歡的工作，留學貸款慢慢還一定可以還得完，還多了兩年在美國生活的經歷，其實也沒什麼損失。

跳脫舒適圈並非人生必須

這幾年在臺灣，「跳脫舒適圈」是熱門話題，不少有出國背景的人紛紛變成網紅，大力提倡追求夢想、出國就能培養國際觀、世界觀等。但我認為「跳脫舒適圈」是必須付出成本跟代價的，我放棄了穩定的年薪與年資，背了留學貸款，也犧牲了原本穩定的生活，我肯賭，也沒有後悔，但不是每個人都有這種本錢。

我曾看過有人分享他在臺灣工作幾年後決定出走，毅然決然訂了機票到美國找工作，窩在朋友家幾個月後，拿到大公司 offer，過著人生勝利組的生活。但他沒告訴大家的是，從小他就念國際學校、英文不輸美國人，大學也是在美國念的，最重要的是他有綠卡，美國公司根本不需要贊助簽證，所以他的履歷從一開始就不會被放在那疊會直接被篩掉的外國人裡，他跳脫舒適圈的成本，跟一般在臺灣長大的人絕對不一樣，成功機率更不可能相同。

當「跳脫舒適圈」成為顯學，請務必拿出濾網篩過眼前的雞湯，因為別人的營養品很可能是你的毒藥，每個故事背後都有沒告訴你的事。更何況每個人的人生際遇、規畫、經濟狀況不同，離開舒適圈這個法則不能套用在所有人身上，選擇挑戰的人很棒，過程中一定會看到與眾不同的風景，所有經驗都會變成養分；但選擇維持現狀的人也不該覺得懊惱，因為對很多人來說，過好眼前的生活也必須付出很多努力。沒有經過縝密思考的跳脫舒適圈，只不過是有勇無謀。

遠渡重洋後，還要搞「講中文小圈圈」？

在國外生活能結交當地朋友、融入當地生活當然美好，但不是只有「交很多老外朋友」才叫真正的美國生活，而是能學到對不同文化、不同種族的尊重與理解。

決定到紐約留學後，首先要做的就是鎖定要報考的學校，我數學不好、也不愛交際，絕對不是念ＭＢＡ的料，考量大學讀的科系和後來的職業，我決定選擇媒體相關科系，最後在考上的學校中選了福坦莫大學（Fordham University）的「媒體管理學程」（Media Management Program）。福坦莫是一所位於紐約市的私立大學，創立於一八四一年，是美國東北部最古老的天主教大學之一，在紐約市有三個校區，其中最著名的是曼哈頓中城的林肯中心校區，地處精華地段，主要為商學院、法學院，美國前總統川普也曾是福坦莫商學院的學生。「媒體管理學程」在美國不算常見的科系，因為不是單純學媒體傳播，所以被歸類在商學院，付碩士課程學費，可以選修ＭＢＡ課程，能加強商業、策略、財務金融等相關知識，比單純研究新聞實用一些、出路也可以多一點。

在美國留學，講中文也能通？

抵達紐約準備開學時，住波士頓的好友特地來幫我安頓生活，新生訓練那天她送我到校門口，看到我們科系的學生，納悶地問：「我們是在紐約對吧？妳是要用英文上課對吧？」

是的，放眼望去，有超過四成學生來自中國，完全是個講中文也能通的世界。這個情況其實不只在我的學校，美國許多大學、研究所也都有國際學生越來越多的趨勢，不過我的學校這個情況，只在我這一屆較為明顯，在本地學生的反映下，下一屆就開始注意國際學生的招生比例了。

回想二〇一〇年我到日本念書，當時的中國留學生雖然也不少，但還沒有到「萬頭鑽動」的地步，那時日本甚至還沒開放陸客自由行，身為留學生的我有很多機會跟當地人交流。隨著後來國際情勢的發展，中國國力日漸增強，出國讀書的人越來越多，美國國土安全部資料顯示，二〇一四年約有八·五萬個中國人在美國念研究所，到了我入學的二〇一八年八月，在美國念研究所的中國人已經增加到十二·二萬人。美國國務院的統計也顯示，二〇二一年發出的學生簽證，中國留學生超過半數，目前紐約各大學校也有非常多中國留學生。

開學第一天，學校設計了一系列讓學生更加了解彼此的團體活動，許多中國學生初來乍到還搞不清楚狀況，有時會忍不住用中文開口問：「現在要幹啥？」甚至在某些亞洲、歐美學生都在場的課堂討論上，中國學生也常忍不住用中文彼此交談，讓聽不懂中文的同學滿臉問號。留學生的英文表達能力原本就跟本地人不一樣，不僅在討論時容易詞不達意，在發表時也會讓效果大打折扣，種種原因造成了我們科系的美國學生每到分組，就有點不想跟亞裔學生一起，也加深了族群間的隔閡。

這種情形似乎不只存在我的學校，「No Chinese」的議題逐漸在美國引發討論，最著名的事件就是二〇一九年，杜克大學生物統計學研究所的主任梅根・尼利（Megan Neely）在電子郵件裡警告中國學生：「在校園內只能說英語。」引發軒然大波！尼利表示，有另外兩名教授向她抱怨，聽到外國學生用中文在學生休息區大聲喧嘩。尼利更在信件中用粗黑體字標明：「他們（兩位教授）感到很失望，因為這些學生沒有利用機會增進英語，使用的語言也讓同層樓的所有人都聽不懂，是相當無禮的行為。」尼利還說，兩名教授要求她提供這些講中文的學生姓名，以便日後參考，實習或要求參與碩士研究計畫時能「記得」他們。最後還撂下狠話：「千萬記住，當你們在學校大樓內選擇說中文，很可能將面對難以預料的後果。」

這封信被上傳到推特，引發上千人抗議，杜克大學亞裔學生協會也發表聲明，抨擊尼利的警告信含有歧視及偽善意味，校方展開調查，最後尼利教授遭到撤除研究院主任一職。

使用共通語言，才是國際禮儀

不過，尼利應該不是第一個在美國要求國際學生「不要說母語」的教授，我在研究所第一學期結束時，班上的「種族派系」分得很明顯，本地學生總是玩在一起，留學生則有留學生的小圈圈。

在期末聖誕派對上，我正跟一個中國學生討論下學期的修課行程時，正好系主任經過，就看著我們說：「這裡是紐約，你們不該再用中文交談，特別是在學校時。」我們也了解系主任的意思是希望我們能用英文討論課程問題，或許能讓更多同學加入討論，獲得更多修課訊息，當下點頭答應。偏偏十五分鐘後，當我看到滿滿的食物上桌，居然又下意識用中文對身旁的中國同學說：「那道菜是什麼啊？」好死不死又被系主任聽到，她瞪大眼睛：「你們都沒在聽我說話！」

這讓我想起在日本留學時，班上全是日本人，國際學生只有三、四個，但日文都相當流利，所以班上同學基本上根本沒有把我們當留學生看待。某天我們在學校教室，我用中文跟我的北京好友說：「欸我去一下洗手間，包包放這唷。」剛好在附近的一位男同學開口打斷：「這裡是日本，說日文！」他這兩句話不是敬語，不是同輩用的普通形，而是相當無禮的命令句。那時的我年輕氣盛，想也沒想就用日文回嘴：「難道我連去廁所都得用日文跟你報告嗎？」他馬上回擊：「在日本就該用大家都懂的語言說話！」那次之後我才意識到，原來身處在多種族、多語言的環境裡，使用共通語言才是基本禮儀，只用自己懂的語言說話是會令其他人感到介意的。

許多人在談到留學建議時，多半會提醒出國後要少跟講中文或來自家鄉的人混在一起，外語能力和生活能力才能真正的進步與適應。出國前我也是這樣打算的，但同樣在華語圈國家成長的朋友，還是會因為成長背景相似、在異國的挑戰相近，大家更能形成一種理解彼此的默契，並不單純是因為「講中文比較方便」才聚在一起。

我也認為在國外生活如果能結交到當地朋友、融入當地生活，當然是很美好的經驗，但如果事與願違，也不需要太過在意，不是只有「交到很多老外朋友」才是真正的美國生活，但在來自各國的人相聚的場合，如派對、課堂等，還是得設身處為別人著想，以示尊重。

後來在系主任的耳提面命之下，只要是在校園內我都會盡量用英文溝通，若真的情非得已，像是有同學跟不上交談的內容，我也會先用英文跟聽不懂中文的人說：「我用中文先解釋一下喔。」大多數人都能理解，各退一步，皆大歡喜，而這種對不同文化、不同種族間的「尊重與理解」，也為我的美國之路，種下一棵小小的種子。

我的天價房租與客廳房

紐約身為許多人的夢想之都，永遠不缺租客，
但想要交通方便，
還要讓曼哈頓的迷人景色能天天伴我入眠，
其代價之高，絕對難以想像……

來到紐約住的第一個房間，窗外美麗的曼哈頓夜景。

「這房間能看到曼哈頓夜景，真的太幸福了，我要多看一下，妳不要吵。」

從波士頓來找我的好友趴在我房間的窗前，動也不動，正在享受曼哈頓夜景，整晚都捨不得拉上窗簾。的確，曼哈頓的景色有一種魔力，白天看著這片都會叢林，想著有好多人在這城市努力生存，總能拾起不少動力，入夜後，這個不夜城好像在輕聲對我說：「妳今天也很努力了，晚安。」

紐約居，大不易

但要曼哈頓迷人的景色天天伴我入眠的代價其實不低，剛到紐約時，我住在曼哈頓西邊、靠近哈德遜河的大樓，因為不在曼哈頓中心，要走路近十五分鐘才能抵達地鐵站，大樓又靠河邊、冬天的寒風真的好像可以刺骨，但以上因素讓我住的大樓比曼哈頓中心的大樓便宜一些，所謂便宜，這三房一廳兩衛的房子，月租是五千七百美金（約新臺幣十六萬元），而我租的其中一個小房間，需要跟室友共用衛浴、廚房，月租是一千七百五十美金（約新臺幣五萬元），比我在臺灣的月薪還高。但我貪圖曼哈頓的便利性，以及大樓有警衛把關安全，硬是咬牙租下了這個小房間。

要在紐約省房租，方法其實不少，有些曼哈頓的無電梯公寓（walk-up Apartments），屋齡將近百年，外觀跟內裝都是充滿紐約風情的紅磚，但沒有電梯、沒有警衛收發郵件，通常也沒有洗衣機，無論刮風下雨都必須抱著髒衣服去街上的投幣洗衣店，像這樣的舊公寓，租金價位大概比一般大樓便宜兩到三成。有些皇后區獨棟住宅的房東會把家裡的空房出租，預算在一千美金上下就可以找到棲身之所。願意通勤的話，也有不少人選擇住到澤西市、長島市，但那邊新公寓的分租房間至少也得準備個一千三百美金（約新臺幣三萬五千元）左右。

住客廳房？能屈能伸的紐約客

紐約身為許多人的夢想之都，永遠不缺租客，高級住宅大樓也一間一間地蓋，曼哈頓有些高級大樓不僅有警衛站在門口幫住客開門、二十四小時收發包裹，公設更是吸引人，健身房跟公共工作空間是許多大樓的標準配備，有些大樓還有籃球場、迷你高爾夫練習場、游泳池等。有些公寓甚至推出免費早餐吸引租客，如果想體驗住在曼哈頓高級大樓，又想省房租，能屈能伸的紐約客自然也有辦法。

我第一個入住的大樓裡住著不少留學生，我曾參觀一個中國留學生的房間，她住在兩房一廳格局的房子裡，但住的是「客廳房」，什麼是客廳房？就是分租那間公寓的人不會有客廳當作吃飯、聊天的公共空間，而是用櫃子或假牆壁把客廳也隔出一個房間，就能多住一個人分擔高昂房租。客廳房讓我回想起在香港看過的蝸居，她的房間就用了一個櫃子當隔間，房間不但沒有走動的地方，室友的聲音、煮飯的油煙都會飄到房間。這樣的空間坐落在曼哈頓的大樓，一個月要一千兩百美金（約新臺幣三萬三千元）。

當時的我跟朋友說：「我覺得我住不了客廳房，隔音好差、油煙味也超重耶。」但人真的不能鐵齒，莫非定律就這樣發生在我身上。第一間公寓住了兩年，碰上疫情，室友紛紛因為找不到工作，打包回自己的國家，我也只能搬離很喜歡的房間。

因為希望能繼續住在曼哈頓，才可以不用搭地鐵、減少染疫風險，也希望住在有警衛、洗衣機的大樓。疫情期間紐約房租下跌，所以我的預算設定在一個月一千五百美金，但怎麼找就是沒有預算內的房子，最後終於在網路上看到有人要轉租自己已經簽約的房間，月租正好就是一千五，符合我開出的所有條件，唯一一個不同就是，那是一間用櫃子隔出來的客廳房。

實地參觀過後，房間有陽臺跟落地窗，採光充足，而且客廳空間較大，放下大床、書桌、沙發、櫃子都還綽綽有餘，最在意的牆壁嘛，用櫃子隔出來再用木板封實後，感覺多少可以阻隔聲音跟油煙味，於是我咬牙租下了在紐約的第二間房間，度過在紐約的第三年。

不過要是讓我再選擇一次，我可能不會再選客廳房，除了隔音、氣味問題，本來覺得是優點的落地窗陽臺，到了冬天無法像實牆一樣把冷風阻擋在外，退租時還要把房子恢復原狀，找人來加裝的假牆自然也得拆下，人工費用要八百美金起跳，又是一筆花費。

不怕爛房間，更怕爛室友

想當然耳，客廳房的那面櫃子牆完全沒有隔音跟阻擋氣味的效果，室友幾點出門、幾點回家，我只要聽腳步聲就能記錄。如果他們大火快炒，油煙味也會直接灌進我的房裡。

幸運的是，我這次遇到了很棒的室友，畢竟要遇到文化背景相同、愛乾淨、尊重共同

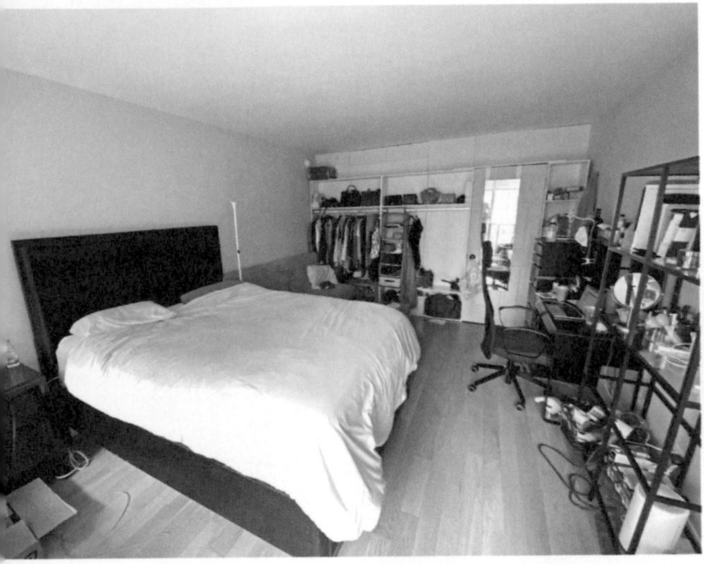

我所住的客廳房，木板隔牆就是我的衣櫃。

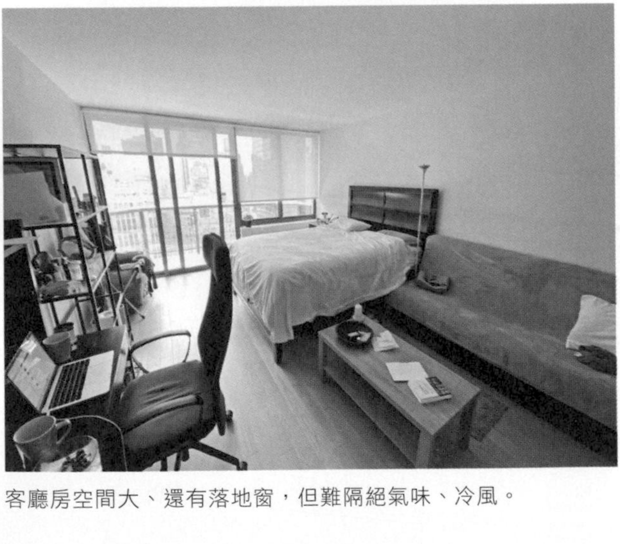

客廳房空間大、還有落地窗，但難隔絕氣味、冷風。

空間的室友，根本是上輩子有燒好香。找室友很難真的做身家調查，每個人對乾淨整潔的標準也不一樣，若遇到衛生習慣不佳的室友，還要共用廚房衛浴，真的是極度痛苦的事，我在前一次的租屋經驗中，就因為好幾位中國室友把房子搞得亂七八糟感到非常痛苦，一氣之下，找房子時還向房仲開出「只要日本人和臺灣人當室友」的條件。

雖然後來我的兩位新室友依然是中國人，但幸運的是，兩位在金融業上班的室友不但個性好相處、愛乾淨、更是體貼細心。我們不需要約固定時間一起打掃公共空間，大家只要看到髒亂就會隨手整理，他們也體諒我住客廳房，隔音比較差，晚上會注意輕聲細語，後來我們越來越熟，還會一起煮飯、一起討論兩岸關係、一起出去玩。

雖然客廳房不比有實牆的房間舒適，但我很慶幸遇到了這麼好的室友，他們推翻了我的刻板印象，讓我知道每個國家都有形形色色的人，不該用一個國家斷定所有人，這是我透過好室友學到最重要的事。

紐約客的戀愛階段論

在這樣的大城市，來來往往的人太多，
要遇到想定下來的人本身就不簡單，
在紐約要找到真愛，簡直比找到工作還難！

很多人聽到我在美國因簽證問題，找工作處處碰壁，總是喜歡開玩笑：「那麼辛苦幹嘛，找個人嫁了就不用那麼累啊，還能直接有綠卡。」我每次都很認真回答對方：「在紐約要找到願意跟妳定下來的男人，比找到工作還難。」

在美國，大公司的面試通常會有三到五關，如果一週過一關，一家公司願不願意跟你長期交往，大約三到五週就能定生死。謹慎一點的公司加上協商入職條件的時間，頂多拉長到兩、三個月，但在紐約，人們不會輕易正式交往，鮮少有人在約會兩、三個月後，就稱呼對方為「男女朋友」。

美國人的約會五階段

我的研究所同學珍亞，一個俄羅斯女孩，長得漂亮，個性開朗又貼心，從我們還在讀書時，她就開始跟一個美國人安德烈約會，直到我們畢業、開始工作，他們還在約會，時間長達一年。來自臺灣的我跟來自俄國的她，實在搞不懂美國人約會到底要約多久，於是找了美國同學商討對策。

美國同學：「安德烈跟妳說『我愛妳』了嗎？」

珍亞：「沒有。」

「他稱呼妳為『女朋友』了嗎？」
「還沒。」
「那你們是exclusive嗎？」
「上週確認是了。」
聽到這裡，我已經先忍不住皺眉發問：「到底exclusive跟男女朋友差在哪？」
美國女孩無奈地說：「我知道，美國的約會文化就是這麼討厭。」
我自己也曾深受其害，我在跟男友約會時，幾乎每個身邊的人都被我騷擾過，因為我們真的斷斷續續「約會」超過一年多，對我來說已經是天荒地老的程度，連他的家人都見過了，但我們還是不會稱呼對方為男女朋友，也不曾聽過他說我愛妳。當時我甚至苦惱要不要乾脆放棄這段感情，臺灣朋友都很氣憤：「他根本就是在玩妳！」美國朋友則見怪不怪，要我放寬心，勸我不要把雞蛋放在同個籃子裡，畢竟還沒確認關係就有權利多看看。後來證明，我男友當初沒有在玩我，我們認識、約會超過一年後，終於定下來了。亞洲的交往方式很快就會給對方承諾、也很快就說我愛你，但美國人就是要多觀察、比較才下正式的決定。
在美國，男女雙方如果要進入一段穩定關係，兩人會從輕鬆沒有壓力的「hang out」開始，一起喝喝咖啡、吃吃午餐、參觀博物館、逛公園，試著相處看看，如果感覺還不錯，就可以進入「see each other」的階段。在這個階段，雙方都還有權利跟別人約會多認識，也就是說，即使你們每個週末都一起看電影、甚至過夜，對方還是可以在別的時間去認識其他人。等再過一陣子，確定想要專心跟一個人相處，這時雙方就是「exclusive」了，翻成白話文就是「我只跟你約會，但還不算正式交往」，基本上這個階段的相處模式就跟一般情侶一樣，雙方可能會開始見到對方的朋友、參與更多彼此的生活，但還沒有正式交往，也不會稱呼對方為男女朋友。熬過了這段，恭喜你！來到約會馬拉松的終點——officially committed，終於可以跟朋友說：「我交男朋友了！」

就算沒有真愛，在紐約單身也不無聊

每個階段要耗時多久因人而異，珍亞花了一年半，跟安德烈從「hang out」進展到「exclusive」，最後因為安德烈實在無法下定決心給承諾，進到「officially committed」，兩人還是分道揚鑣。這樣的故事在我身邊層出不窮，曾有朋友跟一個紐約律師交往，兩人會在週末飛到歐洲小旅行，男方也會帶女方見家人，甚至還同居了，但當女方想要確認關係時，男方總是說：「我沒有信心給妳承諾。」

男方百分百沒有在跟別人約會，卻仍無法給承諾，我們稱這種人有「承諾恐懼症」

（Commitment issue），這種人的通病就是「只愛自己」。我曾與一個在科技公司上班的男性約會，第一次約會時，我們約好晚上六點半見面，他挑了他家附近的小酒館，我才剛坐下他就開口：「妳吃飽了嗎？我剛剛在員工餐廳吃過了。」意思是他沒有打算點餐，也不會跟我平分餐費，所以我也只好點了飲料，結帳時兩人平分；第二次約會，他又約了他家附近的酒吧，依然在晚餐時間告訴我他已經在公司吃過了，無論在吃飯、地點都只選擇對自己有利的，我就也沒有給對方第三次機會了。

許多美國朋友都說，如果女生想要找對象，最好去西岸的舊金山等科技公司多的公司，因為當地的單身男子比例較高。根據新聞報導，紐約的單身女性比男生多了兩成，競爭自然激烈。在紐約領高薪的男性比例也高，自然覺得自己「可以慢慢挑」，所以紐約的女孩要找到穩定交往的對象難度不小，而且在這樣的大城市，來來往往的人真的太多，要遇到想定下來的人本來就不簡單，要在紐約找到真愛，簡直比找到工作還難！

不過值得慶幸的是，紐約是世界上最有趣、最有活力的城市之一，這裡有無數的展覽跟博物館，有美不勝收的百萬夜景、來自世界各地的美食、彷彿永遠不會關門的酒吧、看都看不完的百老匯、棒球、籃球、一流的爵士樂餐廳，這些事情比在約會市場上載浮載沉有趣多了，單身者在紐約的生活一定也不會無聊，有了這些新奇好玩的事情，誰還真的需要男朋友呢？

紐約的豐富多變讓人目不暇給，單身也一樣精采。

黑人的命也是命，那我們呢？

「美國的種族主義就像空氣中的灰塵，
即使你正在呼吸也看不見，
但當陽光照射，你會發現它無所不在。」
——NBA球星賈霸

二〇二〇年的美國相當不平靜，五月時，一名明尼蘇達州的非裔男子佛洛依德（George Floyd）被商店老闆檢舉疑似使用一張偽鈔，遭到白人警察過度執法而喪命。這起案件後續引發全美大規模抗議，社交媒體上，「#Black lives matter」（黑人的命也是命）的口號迅速成為熱門關鍵詞，然而一場又一場的抗議逐漸失控，甚至在入夜後越演越烈，有暴徒開始趁亂蓄意放火燒車、打劫商家，在紐約，許多位於第五大道上的品牌店家遭受無妄之災，最後甚至必須用木板或黑布將自己的招牌遮蓋起來，才能夠不會因為太顯眼而被破壞。甚至拍賣網站上還出現了「掠奪」來的「戰利品」。

種族歧視吶喊下，被忽視的亞裔

美國的黑奴歷史、種族歧視是歷史的創傷，也因此，美國可能是最經常討論種族歧視與平權的國家。然而身為亞裔的我，更覺得亞裔在美國的權益，似乎並沒有得到像非裔那樣大的聲量，相對更難受到同等重視。

尤其COVID-19疫情是從中國開始蔓延，在疫情最盛的時期，美國的「亞裔仇恨」也越來越嚴重，被迫面臨許多「病毒歧視」。二〇二〇年時，我走在紐約街頭就曾遇到有人對我大喊：「中國人滾開！」讓我每次出門都小心翼翼，絕不在入夜後在外逗留。

我也不是唯一一個擔心自己人身安全的亞洲人，根據紐約警署統計，在疫情發生的二〇二〇年，紐約針對亞洲人的「仇恨犯罪」暴增到百分之一千九百！還有店家拒絕服務黃種人，認為他們是病毒帶原者，也有華人女性在路上被潑不明液體，甚至有多名亞裔長者分別在曼哈頓的地鐵站、華人區法拉盛無端遭到攻擊。類似的亞裔長者被攻擊事件不只發生在紐約，舊金山也接連發生，事件大得甚至讓演員吳彥祖要懸賞把老人家推倒的非裔男子。

不只在生活中，即使求職也能遇見大剌剌的歧視。加州的資訊顧問公司Aptude曾開出一個資訊分析職缺，求才廣告上羅列了需要的程式技能外，最後居然寫上「不能是亞洲人」、必須「沒有工作簽證的問題」。我相信，現在沒有一間公司敢在徵才內容上寫出「不能是黑人」，但為什麼就敢這麼對待亞裔呢？這間公司這樣對待亞裔求職者的事件，甚至沒有登上任何主流媒體報導。

CNN韓裔主播沃克（Amara Walker）曾於受訪時表示，她在機場搭機時，一小時內就遭到三次歧視，有人對她講：「你好，Ching Chong[1]！」過不久又有一個沒戴口罩的人走向她問：「妳會講英文嗎？」她也分享在美國成長過程中，要嘛被學過丹鳳眼，要

1 發音模仿華文發音，常被英語使用者用來嘲弄華文使用者、華裔甚至其他東亞裔人士，具有侮辱性質。

「Black lives matter」運動，使得長久的種族歧視問題再次浮上檯面。

嘛被叫 Ching Chong，講起這段經歷，她甚至還在發抖，實在難以相信在今時今日，一個在美國出生長大的亞裔美國人還必須經歷這一切。

沃克說，她分享這一切不是為了自己，因為幾乎所有在美國長大的亞裔可能都經歷過，但沒有人為了自己、或亞裔站出來說話，因為很多亞洲人被欺負後，大多會摸摸鼻子自認倒楣。我也曾在 Clubhouse 參與過一場亞裔人士在美國被歧視卻無人在乎的討論，無論是在美國的臺灣人或亞裔第二代都不約而同地認為，現在的亞裔應該要團結起來，為彼此發聲，不該再默默忍受這些不公平的待遇。如果自己都不站出來，誰能幫你？

當「歧視」被矯枉過正

一件起因於美國警察濫權執法的案件引發出軒然大波，背後暴露的是少數族群在社會上長期受到的無形壓迫，雖說受到歧視應該要站出來、不能默默吞忍，但我也不支持隨便就拿「歧視」扣別人帽子的行為。像是高露潔棕欖（Colgate-Palmolive）旗下的牙膏品牌，因為使用了黑人作為商品形象而被抗議，最後商品進行了改名；或是認為不該倡導「白才是美」，使得嬌生公司（Johnson & Johnson）決定停售美白產品。當品牌行銷逐漸被輿論要求必須政治正確，這其中的分寸要怎麼拿捏？畢竟歧視這把尺，在每個人心中的位置都不一樣，一味追求所謂的平等，可能也剝奪了別人的選擇。

我在美國看過太多人遇到不順利，就揮舞著「種族歧視」的大旗，訴說自己遭到不平等的待遇，卻從不思考除了膚色，是否有其他問題存在。我在紐約最喜歡的瑜伽教室坐落在曼哈頓上西區，環境好、師資佳，雖說月費超過六千元新臺幣，我卻覺得物超所值。某一天，我聽一個中國同學激動地告訴我：「千萬別去那家瑜伽教室！他們有種族歧視！」我很吃驚地問了原因後，沒想到她說：「有次我帶手機進教室，在用手機時，老師就走過來叫我不可以用！」

她說得氣憤，我卻不以為然，不要說美國了，我在臺北的瑜伽教室也明文規定不能帶手機進教室啊！一來保護其他學員隱私，二來手機的震動跟亮光都會影響課程節奏，其他人可不想被打擾，跟你的膚色一點關係都沒有。

我曾經申請過Facebook一個國際新聞相關的職位，工作內容不用自己寫稿，只需要有國際新聞的敏銳度，這職缺條件讓我興奮萬分，覺得超級適合我，絕對是我的！還找了Facebook內部一個位階不低的人幫我推薦，就連他看了職缺條件後都跟我說：「妳一定會上！」

結果三天後我就收到了拒絕信，失望的我不死心，上LinkedIn一一查看那個團隊的成員，不誇張，清一色都是白人。這時候我大可痛罵Facebook就是種族歧視，工程師就都找東亞人或印度人，這種職位都只給白人。但是我讓自己冷靜下來，理性檢視自己過去的經歷跟白人的差異點何在，接著，我接受了自己的英文能力的確難以比過母語人士的事實，哪裡不足就加強哪裡，開始規定自己每天都要讀一篇英文新聞，也找了美國英文老師一對一上課，練習自己的表達能力。

我曾經覺得只要有實力、夠強，別人就不會因為膚色欺負你，但這樣的理論大概只存在烏托邦，在美國，就算不明說，抱持「白人優越主義」的還是不少，只要看看各大高等學院及公司管理階層的種族比例，白人依然占盡優勢。身為不是在美國長大的亞裔，想要出頭天，必須付出更大的努力。但我始終相信，就算會遇到比較多阻礙，少數族裔想要成功並非天方夜譚。遇到困難時一律只用「種族歧視」來指責、怨恨，或許能讓自己心裡好過一點，但也許情況並非總是如此，而我告訴自己，只要沒有愧對自己，就不會留下遺憾。

當紐約按下了「暫停」鍵

整個曼哈頓陷入寂靜，
鬧烘烘的時報廣場再也找不到一個觀光客，
只剩下知名表演者「赤裸牛仔」每天守在他最愛的舞臺，
因為他相信：「New York Tough!」

百老匯、開到凌晨的餐廳、喧囂的時報廣場、二十四小時不停歇的地鐵，五光十色的霓虹燈加上源源不絕的觀光客，讓紐約成了名符其實的不夜城。這座城市未曾入眠，熙熙攘攘地運轉了上百年，卻在二〇二〇那一年，戛然陷入寂靜。

親眼見證空無一人的紐約

那年初，我到東京出差，順便回臺灣過年，接下來本來要再到深圳受訓，沒想到從東京回來前，疫情開始蔓延，深圳之行取消。在一片人心惶惶、邊境封鎖的情形下，三月中我仍不顧親友反對從臺灣回到紐約，這個決定固然是為了簽證的考量，內心深處的新聞魂也在蠢蠢欲動，想要站在第一現場，用我自己的雙眼見證歷史。

殊不知就在我抵達紐約後沒幾天，時任紐約州長古莫宣布「紐約州暫停」（New York State on PAUSE）計畫，規定所有「非必要活動」統統暫停，只有民生必須的相關產業可以照常營業。也就是說，讓紐約夜夜未眠的酒吧、表演、娛樂觀光活動都得停止，餐廳禁止內用，有必要出門的只有第一線醫護人員、超商員工、運輸系統服務人員，除了這些需要出門上班、維持人們最低限度生活的人，政府建議其他人轉成居家上班模式，非必要不建議外出，外出也要戴口罩。

這紐約居家避疫令（stay at home order）一下，許多臺灣媒體都大肆報導「紐約封城了」！我在臺灣的家人更是擔心，但人在所謂「封城」現場的我總是不厭其煩地回答：「紐約沒有被封城，我每天都看到有人在外面散步遛狗、超市物資也很充足，只是政府希望大家盡量待在家。」

在紐約疫情最嚴重之際，lockdown、shutdown都是美國政府避免使用的字眼，紐約政府下的是「stay at home order」紐約州只是被按下了暫停鍵，沒有被封鎖。

疫情前，我在曼哈頓的住家從早上七點開始就能聽到車主不耐煩地狂按喇叭（紐約特色之一），但居家避疫令之後，整個曼哈頓陷入寂靜，鬧烘烘的時報廣場再也找不到一個觀光客，過去依賴觀光客生存的那些攤販、人偶自然也消失得無影無蹤。春天的紐約依然寒冷，只剩下知名表演者「赤裸牛仔」每天守在他最愛的舞臺，我隔著好幾公尺問他：「這裡都沒人了，你還來幹嘛？」

他朝遠處的我喊：「這是我的工作！紐約很堅強！（New York Tough）」

重視自由與個人，成為疫情控制大難題

遇到牛仔時正是二〇二〇年三月，紐約疫情爆發之初，人心惶惶，我大部分時間也都把自己關在家，但完全搶不到可以外送的生鮮食品，所以一星期還是得去超市採購一次。只要出門，我都會戴好口罩、手套、頻繁噴酒精消毒，一回家一定把衣服換掉，直奔浴室洗澡。

三月三十號，隨著紐約確診人數持續升高，美國海軍的安慰號（USNS Comfort）緩緩駛入紐約港，在我住的公寓房間，剛好就能看著它抵達紐約，為紐約市八百六十萬人帶來了希望跟支援。它抵達紐約的身影，簡直就像在看英雄電影，覺得救星來了。疫情期間，安慰號就停在港口，提供了一千張床位，希望能緩解病床不足的醫療壓力，雖然最後只收治了不到兩百人，但安慰號的確有振奮人心的力量。被關在家的每一天，只要走到陽臺就能看見安慰號的身影，彷彿在說：「有我在，一切很快會過去。」

紐約疫情高峰期，看古莫開疫情記者會是我每天中午的例行公事，明明每天都有人確診、明明傳出屍體不夠放的消息，但隨著天氣變暖，各大公園在週末還是擠滿了悶壞的紐約客，大家都想晒太陽、透透氣。

疫情期間，空蕩蕩的曼哈頓。

赤裸牛仔不畏疫情，依舊駐守時報廣場。

針對這樣的景象，古莫說：「你們知道第一線有多少工作人員在維持大家的生活嗎？We have to do our part！」哪個part？待在家啊！不只是醫護人員，地鐵站、超市人員都是冒著生命危險出門上班，只為了維持所有人最基本的生活需求，當人們主張法律沒有限制外出權利時，就是在拿這些第一線工作人員的生命開玩笑。因為每一趟出門，你就算沒被傳染，也可能成為病毒傳播者，古莫更加重語氣：「你沒有權利拿別人的生命冒險。」

美國的疫情控制很難拿來跟臺灣相提並論，美國重視「自由」及「個人主義」，人們有自由上超市、慢跑、溜狗，政府頂多只能倡導保持社交距離、禁止舉辦大型集會，但餐廳、藥局、醫院等公共服務設施都是開放的，甚至飛機、火車等大眾運輸工具，只要人們認為是「必要的」，政府都不會剝奪人民自由，所以美國不像共產國家一樣能夠說封城就封城，美國人民也因為追求個人主義，不像臺灣人一樣有集體約束彼此的風氣，這也是美國疫情之所以會這麼慘、而且越來越嚴重的原因之一。

互相支持的力量，足以讓風雨停息

疫情讓我們看到了許多生離死別，也讓紐約街頭無家可歸的人明顯變多，但還是有幾個我一輩子都難以忘記的感動瞬間。居家避疫期間，所有人都減少出門頻率，降低感染風險，但有一群人沒有選擇，無論是在醫院上班的醫療相關人員、超市員工、運輸系統人員，這些第一線工作人員為了維持人們的生活，必須冒著生命危險、把自己暴露在病毒之下出門上班，所以紐約街道上到處可以看到「謝謝第一線英雄」的海報，不少店家推出「一線英雄可以免費」活動。

每天晚上七點，曼哈頓居民會自主性的拍手、尖叫、還有人拿出鍋碗瓢盆來敲打，就是為了鼓舞、感謝第一線的英雄，這樣每天七點持續兩分鐘的鼓掌活動，從三月底開始一直持續到夏天，直到疫情緩解、紐約逐步開放後才慢慢結束。

四月底，安慰號達成階段性任務，緩緩駛離紐約，那時我看著一排警察在港口敬禮，目送安慰號離開，好多居民打開窗戶大吼：「Thank you!」真的當場起了雞皮疙瘩。安慰號的離去，似乎在說紐約已經不需要外援，讓我們靠著自己的力量，再現繁華。

而紐約也真的做到了，在二〇二〇年夏天開始慢慢開放，二〇二一年隨著疫苗開打，在疫苗施打率達到七成後，正式宣布回復正常。二〇二一年夏天，時報廣場上再度擠滿了觀光客，不少人還是維持戴口罩的習慣，進出餐廳也需要出示疫苗卡，來維護自己跟他人的空間。

根據「USA FACTS」網站在二〇二一年十一月的統計，紐約至少有兩百五十六萬人確診，五萬六千人死亡。紐約的全面開放，建立在這些人逝去的生命之上，開放後的紐約，觀光客絡繹不絕、百老匯秀場外又排滿了人，這個城市又恢復了以往的生命力。我最愛的紐約，真的如赤裸牛仔所說的撐過了疫情，讓牛仔找回他最愛的舞臺，展現了紐約專屬的勇敢與堅強。

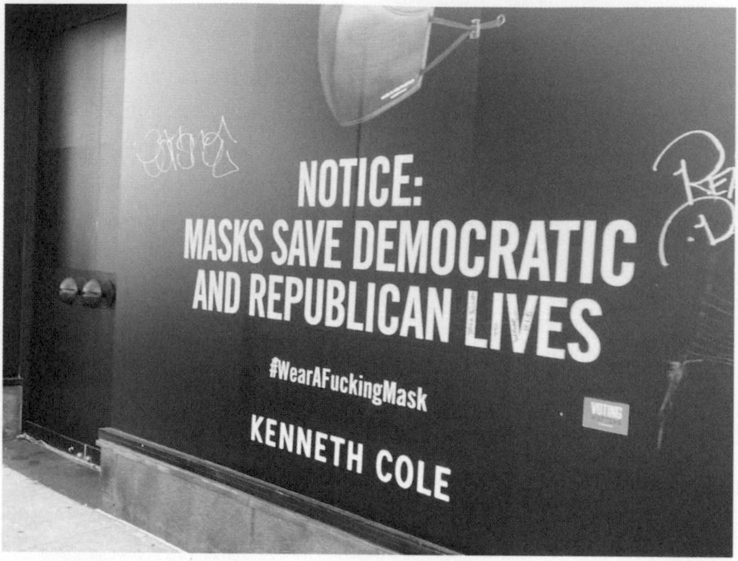

街上出現呼籲戴口罩的標語。

停在紐約港邊的「安慰號」，撫慰了紐約人的心。

打開我的美國醫療帳單

來美國前，雖然已經知道臺灣健保的福利舉世無雙，但到底差異有多大，一直到我需要看醫生的那一天，才真正接受了一場震撼教育……

來美國前，常聽人家說臺灣的醫療便宜到不可思議，健保福利舉世無雙，一定要格外珍惜，但到底有多便宜，直到我來紐約的第一個月，才真正體會到震撼教育。

看診得掏出大把鈔票

出發到紐約前，我的雙腳就不明原因的起了紅疹，看起來像被跳蚤咬，紅腫的部位又燙又癢，不舒服到連晚上都難以入睡。在臺灣看了一家皮膚科診所、一家大醫院，醫生都研判是被蟲咬，紅疹退去後，在我腳上留下像瘀青一樣的疤痕，我以為幾天就會消退，不以為意地出發到紐約。

沒想到來到紐約後，同樣部位再次起了一樣的紅疹，消去後，腿上的黑色疤痕更深了。這一次發作，因為人生地不熟，我先求助學校醫務室，但醫生看不出個所以然，推薦我到皮膚科診所再看看。

美國雖是先進國家，但沒有像臺灣的全民健保，根據統計，因為美國的保險跟醫療費用昂貴，至少有一成的人完全沒有健康保險，「看病看到破產」這句話可不是開玩笑。而且美國健康保險制度相當複雜，分為社會保險跟私人醫療保險，社會保險包含了針對六十五歲以上公民或身障人士的 Medicare；提供給低收入戶的 Medicaid；私人保險則有非常多選擇，美國政府也鼓勵企業為員工投保，至少有六成的美國企業會提供醫療保險福利，因此大多數美國人享有的保險都是職業醫療保險。公司可以幫員工、員工配偶及子女負擔醫療保險，保險範圍、額度、金額則依據每家公司的政策有所不同，但這種保險也並非強制參加，員工仍能選擇私人的醫療保險。

國際學生的保險和本國人沒有太大不同，基本上就是看你能拿出多少錢來買保險。剛到紐約時，我是跟著學校買學生保險，每半年要繳三千五百美金（約新臺幣十萬元）的保費。在美國買醫療保險，不代表隨意走進一間醫院就能見到醫生，因為每家保險公司的醫療網絡不一樣，看醫生之前必須先打電話給醫院，確定該醫院在自己的保險網絡裡，才可以不用付天價看診費。於是我選擇了一間在我保險網絡內的皮膚科診所，看一次的費用是五十美金（約新臺幣一千五百元），足足是我在臺灣皮膚科診所看診費用的七倍以上！但看診的仔細程度、耐心，也都反應在價格上。

這位皮膚科醫師是個白人婆婆，她要我詳細交代過去三天吃了什麼東西，我把三餐都告訴她後，她替我做了過敏原檢測，又要我去驗血，來來回回折騰了兩週，最後研判是因為我吃了治療痘痘的藥物裡含有磺銨（sulfamethoxazole），才引發過敏。

問診詳細，讓花費更值得

二〇二一年三月，我回臺灣過年時順便做了例行性的子宮抹片檢查，檢查結果發現子宮頸高度病變，收到結果時人已經回到美國，雖然得做後續檢查，但婦科相關醫療用語對我來說根本就像天書，為了貪圖方便，我找了間位於法拉盛、會講中文的醫生，做了詳細陰道鏡及切片檢查。報告結果出來，依然不樂觀。

醫生在視訊問診時說：「妳的檢測結果不理想，子宮頸有高度病變，需要盡快做手術。」我追問有多嚴重？她說再惡化下去就會變成原位癌，但我要問我的檢測結果是哪個級別？專有名詞？醫生都避而不答，只急著想介紹我做手術的醫院跟醫生，而這樣一次五分鐘的視訊問診，就要六十美金（約新臺幣一千八百元），還是在我的公司每月負擔五百美金、我負擔一百五十美金保險費用的狀況下。

對於這樣的急匆匆的說明方式，我實在難以接受，所以我去診所親自拿了報告，預約了另一間位於曼哈頓的大醫院，希望讓新醫生看看我的報告，聽取第二意見，當然，也要再付一次一樣的價格。

抵達醫院時，護理師交給我一份足足有三頁的問卷，光是回答那些問題就要花上十分鐘，從初經何時來、經前症候群症狀、過去病史、家族病史，能問的都問了。見到醫生後，醫生先詳細問了我填的問卷，看了家族病史後，才開始看我帶來的檢查報告，她皺眉表示那份報告不是太完整，但我的子宮頸的確有高度病變，需要安排手術。接著她拿出了子宮的圖片，告訴我病變發生在哪裡、嚴重程度，接著拿出白紙用畫的告訴我要切除的地方在哪裡，不會影響未來生育，列出我應該準備的藥物，頻頻問我：「妳還有沒有問題？我都可以幫妳解答。」

我走出診間時，看看手錶，才發現醫生花了三十分鐘跟我談話。醫生送我到門口，遞給我酒精棉片，因為我的信用卡碰過了他們的刷卡機，她要我擦擦信用卡，這大概是我這輩子經歷過最長的問診，醫生耐心地回答所有問題，也多少抹去了我心中的不安，我立刻跟醫生約好手術時間，決定給這位醫生動手術。

我要動的手術是LEEP手術（Loop Electrosurgical Excision Procedure），這項手術在臺灣會由健保給付，基本上不需要負擔太龐大的費用了。而我在做完手術後拿到的帳單，扣除保險公司負擔的金額，我自己要支付四百五十美金（約新臺幣一萬三千元），如果沒有公司每月支付上萬元臺幣的醫療保險，自己的支付額恐怕會變成天價。

非必要醫療，有專屬團隊負責

然而，這些都不是我在紐約經歷過最貴的醫療經驗，因為年紀漸長，我開始積極考慮凍卵，在做決定前，我到紐約的生殖醫學診所檢查，看看自己的卵巢狀態，並且詳細跟醫生諮詢。看診前，需要在網路上簽幾份關於隱私的同意書，還要先花半小時詳細敘述自己的身體狀況跟病史。

報到後，醫生非常開朗的跟我打招呼，跟我解釋了我這個年紀的人平均的卵巢健康狀況、詢問想要凍卵的原因、跟我分析了凍卵跟凍胚胎的利弊、用PPT跟我解釋了凍卵或凍胚胎的整個過程、把可能會用到的針劑秀給我看，面對我的許多問題，她也沒有任何不耐煩。

以上光諮詢的時間就超過一小時，後來醫生帶我去照超音波，先確定我的子宮沒有肌瘤，再檢查卵巢裡的濾泡，接著回到診間繼續討論依照我目前的狀況，我應該怎麼做，時間點是什麼，有了初步藍圖後，她介紹了一個三人團隊給我，兩個是我的諮詢師，一個是到時候手術會跟著的護理師，接下來我的整趟旅程，就是會由這三個人照顧我。最後離開前，還做了抽血，檢驗我的血液賀爾蒙數值，還有基因檢測。

以上的諮詢費是五百七十美金（約新臺幣一萬六千元），抽血檢查費用是兩百美金

（約新臺幣六千元），加起來就要超過臺幣兩萬元，我卻對診所的滿意度非常高。過往在臺灣就診的經驗，醫院人滿為患，醫生常常忙到沒時間好好對話，導致我很常走出醫院還對自己的狀況一頭霧水，但這次，我對於自己的卵巢健康度、甚至下一步的計畫都有很清晰的想法，如果經濟可以負擔，當然想繼續在這間診所進行後續的凍卵療程，只是在紐約凍卵的報價大約落在一萬五美金，也就是將近臺幣四十五萬，價格超過臺灣的三倍。

每次在美國看醫生，我都會深深感受到臺灣健保真的很像奇蹟，真心希望大家好好珍惜我們的醫療資源，善待醫護、第一線人員，讓臺灣人人都有醫生可以看，也確保我們能維持高水準的醫療品質。

讓整個紐約成為我的校園！

留學地選在紐約真是選對了！
許多夢寐以求的全球大企業就把辦公室設在這裡，
學校更常常爭取機會帶我們直搗企業內部、
跟員工直接交流。

福坦莫大學商學院的招生標語是「紐約就是你的校園（New York is your campus）」，實際入學後，也真的覺得留學地選在紐約真是選對了！不但有許多夢寐以求的全球大企業就把辦公室設在這裡，學校更常常爭取機會帶我們去參訪。Bloomberg、Google、Tiffany & Co、CNN、Facebook等，幾乎所有位於紐約的大公司都是我們的參訪地點，有些需要搶時間預約，有些則靠教授人脈安排，總之只要你有心，就能直搗企業內部、跟員工直接交流。

走進全球最大社群媒體

我修的一門社群媒體研究課程，教授就帶著大家參訪了Facebook位在紐約的辦公室參觀，我的興奮程度自然不在話下！於私，我在二〇〇九年開設了Facebook帳號，不只在上面記錄生活點滴，也開設了粉絲專頁跟更多人分享在美國的生活；於公，臺灣新聞媒體受社群媒體影響甚鉅，Facebook對於新聞媒體來說更是一個非常重要的平臺，任何演算法、政策的改變，都會影響媒體的發展，能到Facebook的辦公室一探究竟，是我心中的小小夢想之一。

Facebook在紐約的辦公室坐落於曼哈頓下城，位處黃金地段，麻雀雖小五臟俱全。

身為社群媒體龍頭，Facebook一向注重員工福利，希望用優良的工作環境吸引最優秀的人才；他們的辦公室也充滿開放感，期盼這樣的自由空間能激發員工創意。一走進Facebook紐約辦公室，就有一個超受歡迎的「網紅打卡區」，以紐約地鐵為主題，車廂看板充滿「按讚」圖案，彷彿這輛列車可以帶著到Facebook辦公室參觀的人，進入社交網站的世界。

再往前走一點，有一個大型互動螢幕，上面的圓圈代表每個國家，點進去就能看到Facebook在每個國家有多少用戶。我點進臺灣，看到每個月臺灣的「活躍用戶」高達一千九百萬人，算是黏著度相當高的國家。而點開中國的圓圈則無法顯示用戶，也讓在場的學生莞爾。

超棒福利是為了留住人才

這次帶我們參觀的導覽是薇若妮卡，隸屬於國際解決方案（Global Solutions）團隊，她笑說：「我常常帶人參觀自家辦公室，每次大家最驚豔的不是工作內容，而是我們的員工餐廳！」Facebook的員工餐廳的自助吧提供員工三餐，菜色多元，從健康的沙拉、牛排、異國料理，到邪惡的炸雞、披薩都有，飲料除了氣泡飲料、咖啡，新鮮果汁、連「排毒水」也能看到。吃飽喝足後若想來個甜點，不僅有派和蛋糕可以選擇，連冰淇淋都能選杯裝或霜淇淋，大家都羨慕到不行。不過此時，薇若妮卡及教授卻在一旁潑冷水：「雖然可以在這裡吃到美味的三餐，但代表著你很有可能三餐都要在公司解決，必須有長時間工作的心理準備。」

員工餐廳裡的許多電視螢幕隨時在播放各種資訊，這也是CEO馬克祖克柏跟員工溝通的主要管道，他會在固定時間跟世界各地的員工視訊開會，親自傾聽員工的意見，透過交流拉近跟員工的距離，充分落實Facebook開放的工作文化。走出餐廳，在工作空間裡也到處都能看到擺滿零食飲料的櫃子，還有遊戲空間，讓員工在疲累時轉換心情。

像是Facebook、Google等新創科技產業蓬勃發展，不但福利、薪資優渥，成為大家津津樂道的話題，也讓擅寫程式的理工科學生成為炙手可熱的人才。我身為純文科的學生，忍不住提出疑問：「像Facebook這樣的科技公司，需要的大多都是精通寫程式或數據分析人才，那我們這些念傳播的人，是否應該在學校多學習這些相關技能呢？」

對方悠悠地回答：「人們因為知識而獲得聘用，卻因為缺乏能力而被炒魷魚。」她接著解釋，Facebook是強調跨部門合作的公司，非常重視團隊合作及溝通技巧，公司內當然還是有一些傳播、行銷相關職缺，但無論是文科生或理科生、不管你多麼會寫程式，都還是要具備跟同事相處、共事的能力，才是他們追求的。

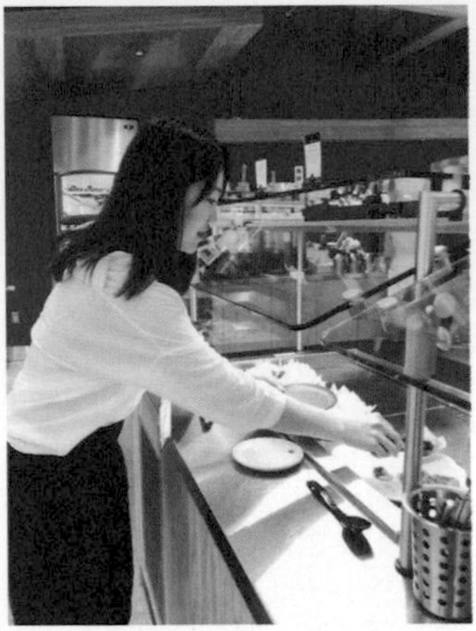

菜色多到吃不完的員工餐廳。

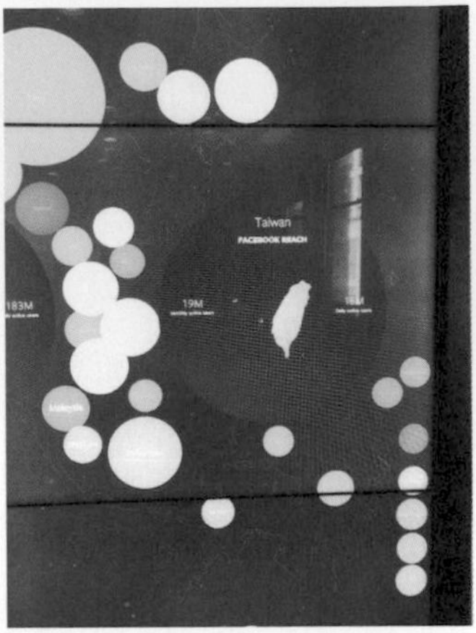

點下互動螢幕，就能看見臺灣的使用者數據。

牆上貼著各種創意標語，激勵員工散發正能量。

入口的拍照打卡區，搭乘Facebook列車進入社群網站的世界。

也能看到 Instagram 的裝置設計。

創造共同成長的氛圍，迎向挑戰

但Facebook也不是沒有面臨挑戰，近年以Facebook為首的社交媒體都受到不少批評，除了隱私問題，還有因演算法而形成的同溫層，讓人們容易只看到接近自己想法的言論，加深人與人的對立。這點只要看美國跟臺灣的總統大選之戰，就相當明顯，明明臉書裡的po文都是跟自己支持同一個候選人，大選結果卻出乎自己的預料，恐怕就是演算法已經幫你「算好」你想聽到怎樣的言論了。而它最令人詬病的一點，還有言論審查機制不完善，讓平臺成為假訊息的溫床，而言論要怎麼審查才能在杜絕假訊息跟言論自由中取得平衡，恐怕是Facebook今後的大挑戰。

但在Facebook辦公室裡，看不太到憂心忡忡的氛圍，光是牆上充滿創意的標語海報像是「你懂的越多，成長的越多」，就散發濃濃的正面能量。幾年前臉書成功推動的「生日募款功能」，在世界各地成功募集到超過一億美金，他們也將這樣的成果做成海報慶祝里程碑，鼓勵員工為世界帶來正面影響。不難感受到Facebook看重每個員工的感受，希望用這些美好的環境，與員工一起成長、共創更好的價值，這才是真正令人稱羨的。

走進《紐約時報》，記者魂再次甦醒

當她告訴我：「做你熱愛的事，花時間找出你到底最愛什麼。」「在職涯尋找真愛」這段話深深觸動了我的心，喚醒了我從來沒有忘記的、對新聞的喜愛。

紐約每年都會舉辦ＭＢＡ媒體與娛樂會議（MBA Media Entertainment Conference），二〇一九年由哥倫比亞大學主辦，我專程參加了時任《紐約時報》營運長勒菲安（Meredith Kopit Levien）（二〇二〇年成為ＣＥＯ）的演講，她長期耕耘媒體的背景讓我十分感興趣，勒菲安更談到《紐約時報》數位化轉型的過程，及政治亂象對媒體的影響，對照臺灣紙本媒體在數位化浪潮中苦撐，實在有太多值得借鏡。

走在最前端，讓紙媒轉型數位化

勒菲安在加入《紐約時報》前，在《富比士雜誌》工作了五年。一開始在《紐約時報》廣告部工作的她，四年多前成為營運長，ＣＥＯ湯普森（Mark Thompson）交給她的任務是：「加速《紐約時報》數位化。」過去十年間，《紐約時報》紙本營收從占總營業額的八成，一路下滑到目前只剩三成，面對讀者閱讀新聞的習慣改變，《紐約時報》在二〇一三年開始重視「紙本數位化」，加強網站設計，改變經營模式，成功讓站穩腳步，股價翻漲了將近三倍。

二〇一九年，《紐約時報》數位版的付費訂戶突破三百萬，紙本訂閱則為一百萬，付費訂戶總計超過四百萬。勒菲安說：「現在的《紐約時報》正在經歷一波新的顛峰。」

但他們不因此而滿足，勒菲安認為既然這種付費模式已經穩定，《紐約時報》的目標是希望數位付費用戶增長至一千萬。因為研究顯示，全球約有一億人願意付費閱讀新聞，而《紐約時報》有信心，能搶下至少一成的大餅。

搶快搶多，不如好好培養一名好記者

勒菲安笑說，她沒有一場訪問沒被問到「報紙的末日」相關問題，但她認為，《紐約時報》已經克服了網路威脅，目前不僅營收穩定；更藉由這波數位改革，讓他們堅信讀者要的是「有品質的新聞」。找到了記者的定位，只要有能力產製有品質的新聞，就該以身為記者自豪。而高品質的新聞需要好記者來寫，要成為好記者，就需要良好的訓練、充分的支持，然而當科技巨擘大舉進軍新聞產業，剝奪了記者被培養的機會，例如很多新聞媒體在社交媒體上擁有許多流量，但廣告費全都進了Facebook、Twitter口袋，這筆收入沒有被用來訓練及支持記者跑新聞，形成惡性循環。

這也是為什麼，《紐約時報》沒有加入Apple News Plus的行列，因為他們想要跟讀者建立直接的關係，並且堅信只要持續產製好新聞，這些努力就值得讓讀者付費。雖然科技業的進軍削弱了新聞產業的營收，但不可否認的是在數位化浪潮下，科技也為《紐約時報》翻開了新的篇章。

《紐約時報》在iTunes的Podcast節目「The daily」聽眾穩定增長，而且有七成五的聽眾小於四十歲，其中有一半是女性。勒菲安自信地說，這個Podcast節目的品質絕對能跟晨間電視新聞競爭。同時也表示《紐約時報》會進軍電視，跟FX頻道合作的節目「The weekly」已經上線。透過《紐約時報》的Podcast、電視節目，能讓讀者在各種不同的管道看到《紐約時報》在產製新聞上的努力，建立起讀者的信任。

話峰一轉，勒菲安談到時任總統川普的狂言占據媒體版面的現象，她表示，《紐約時報》的確因為川普當選美國總統，讓訂戶爆炸性的成長，第一次是在二〇一六年美國總統選戰期間，第二波是二〇一七年初，川普入主白宮，全球民眾急著想知道川普葫蘆裡到底賣的是什麼藥。美國新聞業界稱呼這樣的現象為「川普炸彈」，然而因為政治因素的訂閱，到了二〇一八年開始減緩，也讓《紐約時報》警惕，別想靠著狂人去吸引讀者。他們決定開發新的內容產品，開了食譜頻道、填字遊戲網站，這兩項產品光在二〇一八年的第三季就吸引了超過六萬新訂閱戶，再次印證「有內容才是王道」。

聽著勒菲安的見解，我也不禁想著，《紐約時報》的品牌大、願意投資在新聞上，什麼時候臺灣也能有這樣有遠見、能找到成功經營模式的媒體呢？二〇一三年，我在《蘋果日報》跑國際娛樂新聞，當時紙媒同樣面對網路衝擊，紙本銷量激減，《蘋果日報》的因應之道是力拚即時新聞，要求記者採訪時就要就地發出最新最快的新聞，就算只有幾行字也沒關係，重點是搶快！之後會有專門的編輯修改標題，越聳動的標題越能吸引點閱率。於是，比起強調新聞品質，新聞數量跟速度更重要，這也是當時「歐陽妮妮在口袋找到兩百塊」也能上即時新聞的主因。後來各家媒體開始重視網路流量後，也紛紛製作這種搶快、搶目光的「短新聞」，漸漸成為主流。

對照《紐約時報》的政策，我還是覺得用時間跟內容來培養跟讀者之間的信任，才是長遠的作法，畢竟跟隨熱潮的「吸眼球大法」總有一天會失效，「有品質的新聞」才是最終願意讓讀者付費的關鍵。

面對未來，應在職涯中尋找真愛

會後，我跟勒菲安聊起自己曾在臺灣擔任國際新聞記者的經驗與想法，她也坦言，國際新聞比起政治或生活新聞，的確比較不吃香，但仍強調只要找到對的營運模式，堅持好新聞，就會贏得讀者信任。即將要面臨畢業與求職的我，也趁機向她請教了對正在找工作的年輕人的職涯建議，她秒回：「做你熱愛的事，花時間找出你到底最愛什麼。」「在職涯尋找真愛」這段話深深觸動了我的心。離開新聞工作、來到紐約之後，我從

現任《紐約時報》CEO 的勒菲安，鼓勵我做真心熱愛的工作。

來沒有忘記過我對新聞的喜愛，在資訊爆炸的時代，要整理資訊、傳遞真實的訊息給觀眾是一種需要強烈熱情的使命，由於預算有限，目前臺灣可以派駐全職特派員的新聞臺不多，發生新聞大事時，我變成了紐約少數可以幫臺灣電視臺連線、報導的記者人選。

我曾經在ＣＮＮ的辦公室收到威脅包裹、疏散員工時站在公司外面連線；在疫情最嚴重之際站在港口迎接到紐約支援的美軍醫療船「安慰號」；總統大選時採訪專家學者分析選情；美國職棒大聯盟紐約大都會隊舉辦「臺灣日」，去採訪駐美代表蕭美琴，也曾經在聯合國大會開議時分享第一手的現場觀察。

這些「接案」的新聞工作給的酬勞是以臺灣的新聞產業行情為標準，無法支撐我在紐約昂貴的生活費，但每一則新聞我都做得

紐約大都會隊球場舉辦「臺灣日」時前往採訪。

用心又開心，因為我真的很享受站在新聞現場，更重要的是，臺灣的閱聽眾需要更多有意義的新聞報導，也需要更多時間來培養吸收「硬新聞」的習慣，希望透過許多還在線上的國際新聞記者的努力，帶給臺灣觀眾更多好的新聞內容。

一窺我的夢幻公司——CNN

CNN在我的國際新聞記者生涯中，占了非常重要的角色，我的國際新聞生涯有很大一部分時光，是看CNN度過的，CNN也成了我想到美國看看世界的推手之一。

「Joyce，下個月底學校的企業參訪是CNN，我知道妳很忙，但請把時間空下來，我知道妳一定會想去。」

研究所的最後一學期，我忙著在聯合國全職實習，如果不是上課時間，基本上很難在學校看到我，某天下課教授叫住了我，她知道我熱愛新聞，也知道CNN的參訪我一定會想去，提醒我記得報名，這次的企業參訪，報名時需要附上履歷表，由學校篩選出有新聞或媒體背景的學生前往，我最後幸運被選上，成為三十個參訪學生的其中一名。

踏入心目中的夢幻殿堂

CNN在我的國際新聞記者生涯中占了非常重要的角色，臺灣新聞媒體預算有限，不可能每則新聞都派記者出國採訪，外電新聞就是臺灣國際新聞的主要來源，而臺灣媒體大多都會購買CNN的外電版權。國際新聞編譯工作的一環就是監看外電，所以我的國際新聞生涯有很大一部分時光，是看著CNN度過的，CNN也成了我想到美國看看世界的推手之一。

以往在國際新聞現場，身為臺灣電視臺的記者，看著日本、英美等電視新聞團隊，總會露出羨慕的眼光，臺灣電視臺因為預算問題，通常人員配置只會有一個文字記者跟一個攝影記者，除非是極為重要的新聞事件才會派出更大的團隊。但無論走到哪裡，CNN的團隊看起來都相當精實，分工也特別精細，除了文字記者跟攝影記者，還有打光、收音、現場處理其他事項的製作人等，一個團隊少說有六、七個人，讓臺灣團隊顯得更勢單力薄。

這次能參觀CNN辦公室，簡直就像來到心目中的夢幻殿堂，位於曼哈頓哈德遜河旁、全新打造的辦公室氣勢非凡，挑高攝影棚跟先進的器材，更讓我與同行的臺灣同業羨慕不已。正在直播的攝影棚裡有攝影師、製作人、助理等分工合作，副控裡的人數也足足是臺灣新聞臺黃金時段的一倍左右。分工這麼細，出錯的機率自然也變小了。

從我們學校畢業的校友負責導覽，趁廣告時間帶我們進入正在直播的攝影棚，當時是十一點的「At This Hour」時段，主播Kate Bolduan正在播報，三十個學生雖然靜悄悄地走進去，但人數眾多，我心裡偷偷擔心主播會不會受影響，結果CNN主播果然專業，她看都沒看我們一眼，在播報空檔拚命改稿頭、跟導播溝通，一邊透過麥克風跟副控抱怨：「你們要不要來看看這人的錯字多離譜。」這場景實在熟悉，幾乎每個主播在棚內都有過這樣的經驗，有些記者丟出來的稿子不是錯字一堆就是非常拗口，所以主播在棚內大部分的時間都會拿來潤稿。雖然CNN的硬體設備非常新穎高級，但新聞播報工作的緊湊節奏，跟臺灣新聞臺倒是差不了多少。

CNN 在我的新聞生涯中，占據重要篇幅。

在旁觀摩專業的新聞節目直播。

再次感受到傳遞真相的熱情

不只硬體設備有落差，CNN的軟體資源恐怕也讓臺灣媒體望塵莫及，因為有龐大的預算，CNN給員工的福利相當完整，即使媒體行業的起薪跟金融、科技業不能相提並論，CNN還是吸引了許多對新聞行業有憧憬的人才，他們也很重視人才，給予許多空間培訓員工，也給每一個記者充裕的時間跟後援進行事實查核，當他們聽到臺灣的電視臺記者一天最多可以出三到四則新聞，統統睜大眼睛：「你們怎麼辦到的？」是啊，我也很想問那個曾經在新聞現場衝鋒陷陣的我，怎麼辦到的。

參訪過程的每個瞬間，都可以感受到CNN對「員工」的重視程度真的很不一樣，精細的分工、充足的作業時間、舒適的工作環境，CNN也給了員工足夠的信心與安全感。一位在廣告業務部的員工告訴我：「我們公司的核心不是我們的老闆，而是那些每天在外面，把新聞帶回來的記者。所有員工的職責就是要讓我們的觀眾知道，CNN代表的是事實與真相（Fact and Truth）。」

新聞行業，最重要的就是心中那份傳遞真相的熱情，但商業電視臺也必須要有營收，我在臺灣當記者時，收視率沉重地壓在許多新聞工作者的肩膀上，一則新聞好不好的依據是什麼？見仁見智，但在電視臺內部，收視率代表著廣告收入，當然也關係到員工的年終獎金與生計，所以為了提高收視率，很容易失去平衡，因為刺激的新聞內容的確比較容易吸引觀眾；重要但生硬的新聞內容，很容易因為觀眾會轉臺而被打槍。我忍不住問CNN員工，他們到底怎麼在收視率跟新聞內容間取得平衡？晨間新聞節目製作人回答：「我們的公司也需要做生意，我們試著一邊做新聞一邊賺錢。」

一個新聞臺想要賺錢，想在短時間達到營收目標，只能跟著收視率跑，什麼話題有點擊率，就一窩蜂地寫。但CNN把眼光放長，他們要打造的是「品牌」，員工也致力於守護自己的「品牌」，既然想要讓CNN代表事實與真相，他們不只賦予記者足夠的時間查證、製作深度報導，也不會盲目追求高收視率，播出會傷害CNN品牌的新聞。數位部門的員工提到，他們在採編會議上評斷要不要選擇一篇新聞的最高標準就是——會不會傷害CNN的品牌？

從CNN員工身上看到那對新聞的熱情，也真的感受到他們被公司好好守護著。這場參訪與我原本在做的事有所連結，不但勾起了回憶，也湧現許多對新聞產業的想法，感觸也更深刻了。

臺灣實習生
勇闖聯合國

紐約聯合國總部外掛著所有成員國的旗幟，
但找不到青天白日滿地紅的國旗，
每個在聯合國實習或工作的臺灣人大概都被問過：
「聯合國不是不承認臺灣嗎？你們是怎麼進去的？」

剛在紐約開學不久，學校邀請了聯合國的人來演講，提到聯合國非常歡迎各國學生實習，位於紐約的聯合國總部每年都提供大量實習名額，就是為了提供學生機會直接參與聯合國內部的各項工作，可以為組織政策做出貢獻。

我聽了心動不已，回家後馬上搜尋聯合國官方網站上的職缺，看到國際傳播部門（Global Communications）的媒體監測單位（News Monitoring Unit）正在招實習生，希望能找到對國際新聞有興趣的人才。我立刻花了整晚準備、上傳履歷、用心寫下想要應徵的理由，在按下「送出」按鈕後的隔天，我就收到了單位主管的email，問我有沒有空參加面試——有！當然有空！

面試透過視訊方式進行，第一關是跟現任的實習生「聊聊」，講解實習生在單位裡的工作內容，第二關則是跟主管面談，她問了我過去的經歷、為什麼想要來紐約，還告訴我，這個實習生的職位除了英文，如果還會聯合國的其他官方語言（阿拉伯文、中文、英文、法文、俄文、西班牙文）會是很大的加分，而我不只精通中文，日文能力也讓她印象深刻。

面試完當天，我的主管就發出了給我的offer，她在信件裡寫道：「我們對妳的語言跟溝通能力印象深刻，而妳過去的記者經驗，一定可以成為我們部門很棒的資產。」由於美國的Ｆ１簽證規定要在美國上學兩個學期後才能正式開始實習，所以我的實習日期就定在了二〇一九年的六月。

走進聯合國，前所未有的新體驗

正式到聯合國報到那天，我興奮又激動，過去六年在臺灣做國際新聞記者，每年都會寫到各國元首在紐約的聯合國總部參加聯合國大會、達成各種共識，而現在我竟然可以拿著實習生的證件自由進出聯合國的辦公大樓，在過去我筆下的新聞現場工作，一切都太不真實了。

正式報到後，我的主管帶我認識組員，媒體監測單位有六個正職員工，除了主管，每個人都分別精通阿拉伯文、英文、法文、俄文及西班牙文。包含我在內，有四個實習生，一個是來自加拿大、精通英俄文的國際關係學研究生；一個是來自巴西的大學生，精通英文跟葡語，葡語雖然不是聯合國的官方語言，但聯合國祕書長安東尼奧・古特雷斯（António Guterres）來自葡萄牙，所以葡語在聯合國內也受到重視；另一位則是來自沙烏地阿拉伯的大學畢業生，她精通設計，負責單位對外報告的書面設計。

在媒體監測單位，顧名思義，追蹤、分析世界媒體「如何報導」跟聯合國相關的事物，是我們最重要的任務之一，每天早上需要追蹤各個聯合國官方媒體語言的媒體出版了哪些跟聯合國相關的新聞，每兩週就需要產出媒體分析報告，提供給祕書長及其他決策部門參考。

我負責的是監測中文及日文媒體對聯合國的報導，在蒐集過程中，看到很多新聞事件都有「各自表述」的現象。例如二〇一九年的香港反送中抗爭現場，藝人何韻詩站上最前線和港警談判，並在同年受邀到聯合國人權委員會演講，香港親中立場的媒體一律噤聲，而相反立場的媒體則大篇幅報導何韻詩在聯合國的演講內容。

這時，要如何中立地呈現媒體的報導內容，就是我們最大的挑戰，所幸這些報導都可以被量化，我們只需要客觀呈現有幾則新聞提到正在發生的新聞事件、轉發跟留言的互動率如何，就能完成媒體監測報告。

我這個部門的實習生都真實地被賦予責任，能夠在世界級的機構貢獻所長，對我來說是非常珍貴的經驗，部門同事會在休息時間帶我去看聯合國大會開議的場所、參觀各國贈予的禮物，午餐時也會帶我去各國首相來聯合國開會時指名要造訪的餐廳。

經過層層面試，我終於進入聯合國實習了！

親自踏進聯合國大會開議的場所，
相當震撼。

我的特別身分

在聯合國工作的每一天都有不一樣的刺激，但也有讓我感到可惜的瞬間。紐約聯合國總部外掛著所有成員國的旗幟，但臺灣不是成員國，自然也找不到青天白日滿地紅的國旗，所有在聯合國實習或工作的臺灣人大概都被問過：「聯合國不是不承認臺灣嗎？你們是怎麼進去的？」這話題不是不能觸碰，而是說起來多少都有點不舒服，因為投遞履歷時，選填國籍的地方壓根就沒有「臺灣」這個選項，如果選填的地方沒有「無國籍」（stateless）這個選項，就只能硬著頭皮選「中國」。

曾經我也因為這個話題有點尷尬，不喜歡公開談論，直到有個在聯合國工作的臺灣人前輩說：「那難道臺灣就要一直被排除在國際組織之外嗎？大家想要的是被排除聯合國外，堅持要用臺灣人的身分進去，還是先進去了，可以為臺灣跟這個世界多做一點事呢？」這才讓我釋懷，但臺灣人這個身分，在聯合國的確有點「特別」。

聯合國婦女署（UN Women）在二〇一九年八月時，在Facebook粉絲專頁發文，說：「所有人都應該能夠自由選擇是否要進入一段關係，無論什麼時候，無論對象是誰。」附上一張放了許多同婚合法化國家國旗的圖片，中華民國國旗也在其中，不過國旗下的國名不是臺灣，也不是中華民國，而是「Taiwan Province of China」，意指臺灣是中國的一省，引來超過一萬六千人留言、三千多人分享——遠遠超出聯合國婦女署粉絲團平常的回應率跟觸及率。

針對這篇貼文，總統蔡英文在推特上發表聲明，強調臺灣在人權上的努力，還標註了聯合國婦女署，對他們針對臺灣的不實敘述非常令人失望，但這樣錯誤的描述，不會抹去臺灣那些為了自由平等奮鬥的人們的努力。而在聯合國婦女署粉絲團的那篇貼文下，駐紐約臺北經濟文化辦事處、議員苗博雅、交通部長林佳龍都紛紛留言為臺灣主權發聲，超過萬名網友留言「Taiwan is Taiwan.（臺灣就是臺灣）」。許多人表示，同志婚姻合法的是臺灣，而非中國；更有網友酸：「難道聯合國也是中國的一省嗎？」（Is UN a province of China?），意指聯合國是否也受到了中國的掌控或施壓。

雖然這樣的發言吸引許多人按下笑臉，但當時正在聯合國實習的我，卻為臺灣的國際地位憂心，一點也笑不出來。雖然這個事實難以令人接受，但「Taiwan Province of China」的確就是臺灣在聯合國裡的官方名稱。

我實習的單位負責眾多媒體分析的任務之外，每天我們單位的員工，不分正職、實習生都要做的一件事，就是為聯合國員工整理每日的新聞重點，並在中午左右把電子報發送出去。

這些新聞以國家作為區分，舉例來說，當天美國發生的新聞，連結就會附在美國的標題下方。我第一次加入這項工作時，正好碰上了蔡英文總統訪美，中國外交部發言恫嚇，於是我就在文件裡加入了「Taiwan」這個標題，再把相關新聞連結貼上。但在電子報發出時，「Taiwan」已經被改成了「Taiwan Province of China」。我的主管告訴我，這是臺灣在聯合國的正式名稱，並對我說：「我知道妳來自臺灣，也對妳覺得很抱歉，但這是我們在聯合國的做法。」

有一次，我跟其他實習生聊天時提到臺灣，一個加拿大人還開玩笑地說：「不好意思，妳是在說臺灣省嗎？」我真的連笑都笑不出來。

在這些國旗中，還未能看見「臺灣」的身影。

除了加入國際組織，我們也能尋找其他發聲管道。

不可小覷的鄰國實力

事實上，中國在聯合國的勢力已經越來越強大。美國總統川普上任後，不斷揚言退出國際組織或刪減美國對聯合國補助的預算；中國卻反其道而行，在二〇一九到二〇二一年之間的聯合國常規預算，中國的貢獻增加到百分之十二．〇一，打敗日本成為第二名，反觀日本的資金比例則降到了百分之八．五六，首次跌落到第三名。

不只財力，中國農業農村部副部長屈冬玉也正式上任聯合國糧食及農業組織新任總幹事。高階管理職之外，在紐約的聯合國總部，來自中國的實習生不在少數，我在實習期間，每天都能聽到字正腔圓的中文。種種跡象都顯示，中國的勢力已越來越壯大。當我跟在聯合國工作的臺灣朋友聊到，我每天都得把臺灣新聞歸類在「臺灣省」的標題下時，對方也只能搖搖頭說，沒辦法，這就是目前的國際情勢。

我的朋友曾經試圖用臺灣護照進入聯合國總部參觀，負責換證的人員告知臺灣人只能用臺胞證進入，最後補了句：「我們還是愛臺灣！」此外，也有許多外國同事私下告訴我，在他們心中，臺灣跟中國是不一樣的。但即使一般人的心中這樣想，國際上的地位卻只能尋求另一種途徑爭取。

證明自己，證明臺灣

臺灣長年被擋在國際組織的大門外，雖然並不是加入這些國際組織就會變得天下無敵，但臺灣絕對不能故步自封，我們自己也需要對外發聲的管道。放眼亞洲，無論日本、南韓、甚至中國，都有長年培養的英文媒體，用全英文內容讓世界有更多機會了解自己的國家，甚至成為國家「大外宣」的最佳管道。我認為，臺灣也需要屬於自己的英文媒體，並且長期挹注資源。

除了對外的發聲管道，臺灣也需要更多盟友。臺灣政府在疫情發生以來就不斷以「Taiwan can help」為主題，捐贈口罩、分享控制疫情的經驗，大幅增加在國際間的能見度，二〇二〇年九月三十日，川普政府的聯合國大使克拉芙特先是在推特上提到呼籲臺灣在聯合國的全面參與（full participation of Taiwan at the U.N.），二〇二一年也獲得美國國務卿布林肯的明確表態，支持臺灣有意義地參與聯合國體系。

臺灣本來就是國際社會的一份子，即使面對各種打壓，臺灣都成功證明了自己願意積極地參與國際事務，也有能力在國際社會上做出貢獻，雖然這幾年我住在紐約，但是身為臺灣的一份子還是感到非常驕傲，也期盼自己能以「臺灣人」的身分，作為臺灣跟各國之間的橋梁，讓更多人知道臺灣的好。

Chapter 2

紐約冒險新篇章

履敗履戰的美國求職路

我畢業了！然後呢？

「艱難的道路會帶領你到美麗的目的地，請保持堅強。」

這段話彷彿終結了我身為學生無憂無慮的時光，
正式踏入美國社會，
這個地方給予的挑戰，現在才真的要來了。

我永遠不會忘記在研究所畢業前夕，我告訴我的教授波波，我拿到工作offer時，她真心為我開心的表情。畢業前最後一堂課，波波在卡片上為我寫了一段話：「艱難的道路會帶領你到美麗的目的地，請保持堅強。」這段話彷彿終結了國際學生在學時期的美好時光，正式宣布踏入社會，美國這個國家帶來的挑戰，現在才真的要來了。

被簽證效期追殺的求職旅程

在美國找工作大概是不少國際學生的惡夢，在美國念完大學或研究所後，可以申請OPT（Optional Practical Training，專業實習）簽證，這是美國政府發給國際學生畢業後的簽證，給予為期一年的時間實習、工作。OPT又分成兩種，一般OPT能合法工作的時間是十二個月，而STEM OPT則最多可延長到三年，但無論是一年還是三年，都要在效期結束前找到雇主贊助H1B工作簽證或是辦理綠卡。要拿工作簽證不僅要花律師費辦理，還得透過抽籤，也就是說，就算公司願意聘用你，只要沒有中籤，所有時間跟金錢都是白費，所以很多公司乾脆表明不聘用需要贊助簽證的國際學生，導致沒有美國身分或綠卡的國際學生，找工作是難上加難。

開始著手就職準備後，我發現美國公司對員工的薪資、福利制度和臺灣方式不太一

受疫情影響，我的畢業典禮只能視訊舉辦，無法見到老師與同學。

樣。臺灣大多數的公司薪資，幾乎都是以「月薪」來算，因為每個公司年終發放的制度不一樣，會有種多發的、賺到的感覺。但在美國，談薪水時都是用年薪的方式「打包」計算，也就是在談薪水時，就要把底薪、獎金、公司股票、福利、年假全部都說清楚講明白。美國有些公司發獎金時不會給現金，而是給公司股票，還會規定要工作幾年後才能兌現，所以有些人的年薪乍看可能很高，但不代表每個月能夠「落袋」的現金就很多。

根據美國勞工統計局的資料，美國平均個人年收入是五萬六千三百一十美元（約新臺幣一百五十萬）。而紐約因生活費高昂，薪資水準比平均稍微高一點，二〇二一年，人才招募網站Ziprecruiter統計顯示，紐約平均年薪約為六萬五千九百零四美元（約新臺幣一百八十萬），這個數字乍看比臺灣薪資水準高了不少，但紐約的租金高昂，外食費用也非常貴，最重要的是美國的稅非常高，收入超過四萬零五百二十五美元（約新臺幣一百一十萬），所得稅率為百分之二十二，再扣掉保險、娛樂等開銷，六萬五的薪水在紐約大概只能算「過得去」，不會被視為高收入份子。

來美國前，我對媒體經歷很有自信，開始找工作才發現，過去在臺灣的新聞背景來到美國一點用處都沒有，因為過去一直是用中文工作，英語能力首先就比不上本地人，而且過去的人脈、資訊、專業知識都侷限在臺灣，雖然我的履歷看似精采，其實都得從零開始。

學媒體的人，在美國無論是想走行銷或新聞產業，語言跟文化敏銳度都是必備條件，這兩樣實在也很難打敗母語是英文的競爭者。因此，一開始我找工作的策略重點，就放在「需要會說中文或日文」的職位，希望藉由自己的語言能力跟跨國經驗加分。

不在美國就業，也能有所收穫

曾有讀者和我分享：「我找不到工作，簽證要到期了，生活費也快見底，必須離開美國。果然，夢想很豐富但現實很骨感。只覺得很對不起當年支持我來留學的人。」都花了好幾百萬來留學，想在紐約找工作把學費賺回來是很直覺的事，也有不少人會以「有沒有找到工作在國外留下來落地生根」，來評價別人留學的價值、甚至整個人生。但我認為，一段留學經驗是否對人生有幫助，不應該單靠有沒有找到工作來評斷。

求職不只是看能力，在心態跟現實上都是戰爭！我告訴自己必須盡全力，我給了自己三個月期限，如果沒找到適合的工作就打包回亞洲。畢竟紐約的生活費高昂，每分每秒都在燒錢，而且我認為這段在美國的日子已經帶給我許多收穫，這段經驗也一定能成為回亞洲找工作的籌碼。確認目標後，我在找工作時心態就穩定許多。

我並不認同那種在美國或外國工作，就把自己歸類於人生勝利組，拚命鼓吹臺灣年輕人不要留在「鬼島」的說法。因為在我心中，臺灣不是鬼島，而且我相信有能力的人才能抓住機會，這種機會，臺灣絕對也有。用有沒有在美國找到工作來評斷一段留學是否有價值，我覺得不是那麼公平。

雖然紐約的生活看似光鮮亮麗，但很多文科工作的起薪大約在年薪五萬到六萬美金（約新臺幣一百四十到一百六十萬）間，扣完稅、繳完房租後幾乎所剩無幾，我就有不少朋友雖然在紐約工作，但多少還需要靠家人幫忙，才能好好在紐約生活。若不談金錢，紐約的大企業實習機會多，也更容易結識來自世界各地的人，生活經驗也是人生的養分，可不能單純用一張 offer 來評斷。

無論畢業後要留在當地工作還是離開，怎麼做出正確的決定，自己的人生都只有自己走過才能算數，只要在留學的時光當中毫無保留地吸取了知識（學術上跟人生上），比起當年提著行李出發留學的自己更進步、更成熟、更有價值，那這段日子就不可能白費，有實力的人，在哪裡都有機會發光，到頭來，只有自己有資格對自己失望。

最艱鉅的挑戰，最艱難的時代

為了「讓美國再次偉大」，美國政府不斷拿移民開刀，
而隨著疫情爆發後，失業率飆升，
川普更把目標轉向在美工作的外國人，
加深了就職的困難……

講到美國，大家第一個想到的就是想到自由女神，她是自由美國的象徵，也是早期移民搭船登陸美國時，第一個映入眼簾的畫面。雕像上歡迎移民的句子，對許多移民來說代表著夢想，也象徵美國張開雙手歡迎移民。就連美國總統甘迺迪（John F. Kennedy）都曾寫過一本叫作《移民國家》（A Nation of Immigrants）的書，主張開放移民。

美國是一個由移民組成的國家，這話可不是隨便說說，根據二〇二〇年的統計，目前在美國三．二八億的總人口中，有四千四百多萬為「非出生在美國本土」的移民，占全美人口超過一成，也是全世界移民人口最多的國家。

長久以來，臺灣人想要移民美國，「CP值」最高的方式就是留學後留下來工作，並且申請綠卡，最後歸化為美國公民。目前臺灣到美國大專院校留學的人數連年增加，在二〇一九學年度，到美國念書的臺灣人就達到二．三萬，並連續五年成為美國國際學生第七大來源處。

移民政策緊縮，疫情雪上加霜

但川普在二〇一六年上任後，除了戮力打擊非法移民，更對移民政策做了全面調整，大幅提高申請工作簽證及綠卡的難度，導致不少企業覺得聘用國際人才的簽證不確定性太高，都直接宣布不再「贊助」國際學生申請工作簽證，加上疫情嚴重影響美國經濟，就業市場競爭加劇，讓留學生在美國的求職之路簡直是雪上加霜，更別說是透過這個方式移民美國了。

二〇一九年初，我到美國透納廣播公司（Turner Broadcasting System, Inc.）參訪，身為有多年新聞工作經驗的記者，對透納旗下的ＣＮＮ自然抱著高度興趣。在跟員工自由交流的時間，我問起他們公司聘用外籍員工的政策，我到現在還清楚記得，一位員工直接對我說：「現在美國的工作簽證太不穩定了，我真的建議妳在美國求職的同時，也看看這些美國大企業在妳的母國有沒有職缺，因為美國簽證政策天天在變，說真的，除非有主管提出必須要聘用外國人的理由，不然大多數公司還是傾向聘用有美國身分、不需要辦簽證的人。」

前總統川普為了「讓美國再次偉大（Make America Great Again）」，不斷拿移民開刀，先是簽署了一項行政命令，指示聯邦機構檢討移民僱傭法規，以促進「僱用美國人」政策的實施，他開鍘的其中一項簽證就包含了Ｈ１Ｂ工作簽證。這項簽證本來每年會依照抽籤的方式，發放八萬五千個名額，讓外國移民有合法的工作權，但川普認為應該要把這類簽證發放給技術最嫻熟、酬勞最豐厚的移民員工，也就是說，這項命令如果真的實施，公司必須要給外國人才夠高的薪水，才能辦理工作簽證。

後來疫情爆發、失業率飆升，川普更把目標轉向在美國工作的外國人，認為只要不發給外國人簽證，就能挽救美國狂飆的失業率。川普在二〇二〇年六月底簽署了命令，要暫時禁止外國人透過持有一系列工作簽證進入美國，其中包括針對高技能勞工的H1B簽證。這項命令實施後，預計會阻止數十萬原本要憑藉這些工作簽證入境美國的新移民，他們從事的工作涉及各種行業，包括科技和管理顧問業，還有景觀設計和度假村的季節性工作。

雖然要廢掉抽籤模式的行政命令沒有成定局，但想讓美國再次偉大的總統三番兩次提到要修改外國人的簽證政策，讓許多公司以「簽證的不穩定性」為由，在第一關就會刷下沒有美國身分的應徵者，外國人在美國找工作的困難度大幅增加，要嘛就必須具備美國人沒有的專業技術，例如寫程式、數據分析，否則很可能就要屈就於「願意幫外國人辦簽證，但薪水福利都不好」的公司。

嫁人換綠卡？但我想靠自己

「文組真的很難在美國留下來工作。」

「想留在美國工作，還是得學data的東西吧。」

移民政策緊縮，使得沒有美國公民身分的人找工作更困難重重。

「男友是美國人就嫁了吧，先拿到身分才好找工作啊。」

我找工作時，也有不少人對我提出「建言」，其中要我「嫁人換綠卡」的最多，即使我解釋了我們本來的規畫，還有我不想在工作不穩定狀態下結婚的想法，還是有人會說：「妳男友不娶妳，根本不為妳著想！」

但對方深知我從來沒有忘記過熱愛的新聞工作，所以在知道我工作有變動時，就說：「不要為了留在美國，找一份妳不喜歡的工作。反正我正在創業，只要有電腦哪裡都可以工作。妳專心找喜歡的工作，到時候要搬去哪裡我們都可以一起……」

即使本就沒有為簽證結婚的打算，但我有時也敵不過三人成虎的威力，暗自心煩：「對呀，如果有了綠卡，我在美國找喜歡的

經常給我許多建言與鼓勵的教授波波。

工作時，至少就不會因為身分問題，在第一關就被刷掉啊！」直到某次跟教授波波通電話，我們科系的國際學生不少，波波自然知道沒有美國身分的學生在美國找工作有多難，因此打來關心大家的近況。

我忍不住隨口向她抱怨：「妳知道有多少人叫我趁這機會向男友逼婚嗎……」

誰知我話還沒說完，波波就立刻說：「妳要跟自己想攜手一輩子的人結婚，不能只是為了簽證。這就像不能因為寂寞生孩子一樣——影響自己和別人一生的事情，千萬不要因為短暫的問題驟下決定。妳，永遠是第一順位。」

聽到自己心中的話被人講出來，其實有點鼻酸。我告訴她：「妳是少數這麼說的。」

她笑：「給妳那些意見的人都太年輕了。」

跟波波談完，我彷彿吞下了定心丸。當初想來美國念研究所，不就是想給自己更多挑戰、更多刺激，為什麼碰上了找工作，就給自己那麼多藉口、甚至想用結婚來換取一張綠卡呢？我這才明白，無論當初給自己設定的目標有多遠大，遇到困難時，人很容易就會想幫自己找輕鬆的路走。

我想起我先前安慰讀者的話，在美國這段日子是否有意義，不應該單靠「有沒有找到工作」來評斷，只要我有持續學習、只要我比出發前的自己進步了，這趟留學之旅就應該值得了。而我有沒有價值，更不應該被一張offer來評價，只要定下心，好好投履歷跟面試，一定能有符合自己期待的公司出現。

讓別人看見你，需要對的策略

想找到適合自己的位置，機運固然重要，但機會是留給準備好的人，面試前做好充足準備，才能真正提高讓別人看見你才能的機會。

春天是美國研究所學生找暑期實習的關鍵期，許多面試都集中在三、四月，有些大企業因為收到的履歷太多，除了第一關的履歷會直接用電腦過濾，還會請特約公司幫忙挑選履歷，下一關才由公司HR檢視履歷跟面試。除了畢業生，大公司也經常會開出實習職缺，讓尚未畢業、進入求職階段的學生能夠先了解自己有興趣的公司運作，公司也可能藉此先找到適合的人才。商科跟文組的留學生要跟本地人競爭，除了專業知識要足夠，語言能力也要夠強，也因此在找工作或實習機會時，制定策略就非常重要了。因為我過去有國際新聞的工作經驗，也有日、韓文能力，於是我決定把目標放在國際企業和一些會用到外語，或多元文化經驗的職位。

剛到美國時，無論教授還是學校的求職中心都一直強調經營人脈、社交的重要，但對亞洲學生來說，要透過社交找工作，需要相對更長時間的練習跟經營。我的個性不是很熱愛社交，所以我採取社交及直接投履歷雙頭並進的方式。

面試有訣竅，絕不能隨便

找到聯合國的實習工作時，許多人第一個問題就是：「妳怎麼拿到offer的？」不像其他勵志故事一樣有許多找工作的方法，我必須老實說，每個國際學生在美國找工作都很努力，而最後真的要拿到offer，多少需要一些運氣跟緣分。

聯合國的實習缺，我是在網路上看到，也沒有任何認識的人幫我內部推薦，在官網上投遞履歷後，就收到了面試通知，因為我過去在臺灣的工作經驗，跟聯合國國際傳播部門的媒體監測單位需要的人才吻合，加上有中日文能力，讓我順利拿到進入聯合國實習的門票。

能夠找到適合自己的位置，機運固然重要，但機會是留給準備好的人，充分準備面試也是關鍵。我在聯合國的面試是透過視訊方式進行，疫情發生之後，許多大公司的面試也都改為視訊。遠端面試不比真人面試，少了面對面的接觸，難以當場判別對方的感情，也無法透過面試前後的零碎時間展現「聊天」的溝通能力，所以要在其他方面更加強努力，才能讓對方隔著螢幕，也能感受到你的熱情與誠意。我是如何快速通過了視訊面試，成功擄獲面試官的心？我歸納了四大重點。

1 環境與硬體設備

視訊面試分為兩種，一種是利用 Skype、Zoom 等通訊軟體進行即時面試，另外一種則會用面試軟體，讓求職者直接面對鏡頭錄影，很像考托福的口說項目時會採用的方式。當時間到了，錄影就會自動中斷，如果你的答案還沒講完，也會直接切掉，所以掌握回答的時間相當重要。

無論是即時或錄影，在面試前一定要確定自己的網路沒有問題，可別因為連線品質影響到自己的表現。溝通得斷斷續續是非常影響整體節奏和資訊傳達的，絕對是大忌！場所的選擇也非常重要，千萬不要選很吵雜的咖啡廳，必須要是安靜、能讓自己好好表達的場所。背後的背景最好盡量簡潔乾淨，不要有太多干擾。學校的求職中心給我們看了一段錯誤示範影片，求職者選在自家廚房進行面試，不但後面的背景很雜亂，還有個會搖來晃去的時鐘，都有可能對面試表現造成影響。

2 服裝儀容

最簡單的道理：面對面的面試穿什麼，視訊面試時就應該穿什麼。女生最好穿著襯衫或正式服裝，並且畫上面試場合適合的淡妝，讓自己看起來更有精神。男生則應該穿上西裝，不能因為是視訊就輕忽最基本的儀態，最好連下半身都要換上正式服裝，因為很多人隨著面試時間拉長，開始放鬆後就容易往後傾，鏡頭很可能會照到下半身，要是下半身衣著不整就太糗了！另外，也建議面試時可以在椅子上放個靠墊，讓自己保持挺直的姿勢，不要太過放鬆。

3 做足功課

敲定面試後，可別就放鬆的等時間到了，一定要花時間做功課，從對方公司的產品內容、經營策略到職位需求，需要有一定程度的了解。我在不少面試中都被問過：「你對這個職位有什麼期待或想像？」類似這樣的問題，是在考驗求職者有沒有好好做功課。像我在聯合國的面試時，主管就問我：「你知道聯合國需要的新聞，跟你過去採訪過的新聞有什麼不同嗎？」如果我沒有先在網站上看過聯合國過去發布的新聞稿，可能就會回答不出這一題。

我就有朋友在面試時被問到：「你可以談談我們公司有哪些熱門產品嗎？」因為功課沒做足，回答得亂七八糟，這個工作機會當然就飛了。另外，很多人在一陣海投履歷後，等接到面試通知，根本忘了自己投的是什麼職位，建議在投履歷時，就要把自己投過哪家公司、對方的職位敘述跟要求整理保存下來。透過資訊統整的過程，對工作內容的掌握也能更清楚一點。敲定面試後，一定要花時間做功課，從對方公司的產品內容、經營策略到職位需求，好好的了解。

4 練習、練習再練習

無論是真人面試或透過鏡頭，練習都是很重要的一環，因為用英文面試對留學生本來就是很大的挑戰，透過練習可以讓自己比較不緊張。我在得知要跟聯合國的主管視訊面試後，就請朋友跟我進行了兩次視訊面試練習。

像是面試第一題通常會要面試者用一到兩分鐘簡短地介紹自己。類似這樣的內容，都必須事先想好，因為只有很短的時間，千萬不要用流水帳，找個精采的說故事方式，在面試一開場就引發面試官對你的興趣。

網路上會有很多面試題庫，建議可以預先想好每一題的答案，跟朋友練習時請對方隨機抽問，訓練自己答題跟說故事的流暢度。平常也可以用手機或筆電錄下自己回答的樣子，確認、調整面試時鏡頭的角度，可以檢視一下自己在回答時的表情，聽聽自己是否用了太多嗯嗯啊啊的贅字，或有哪些題目回答得還不夠流暢的，就能再針對問題點加強練習。

掌握以上四個基本原則，勤加練習，多向有經驗的學校顧問或朋友尋求意見，相信你也有機會錄取理想的職位。

別小看人脈的力量

靠著海投履歷，我就拿到在美國的第一份工作，
所以一開始的我，不太相信「人脈」的神奇力量。
直到失業、被資遣，在職涯的狂風暴雨中，
我開始明白，「人脈」是多多益善的。

記得在開學第一天，無論學長姐、教授或學校的職涯輔導中心，都一直強調「建立人脈」的重要性，坊間也有不少文章教求職者「多去認識人才會有工作機會」。的確，認識的人越多、越能學到許多業界經驗，如果你表現得夠好，對方也可能會幫你留意相關的工作職缺。一開始我非常幸運，靠「海投履歷」的方式拿到聯合國的實習，也沒有建立什麼人脈，就拿到在美國的第一份工作，所以並我不是很相信「人脈」能帶來什麼神奇力量。

直到我失業、被資遣，在職涯的狂風暴雨中，幾乎覺得看不見盡頭時，我開始明白，「人脈」應該是多多益善的。失業那段期間，我一天大概有四分之一的時間都掛在LinkedIn上，除了密切關注最新職缺，還會依照職缺開出來的職稱、組別，去尋找開缺的團隊，如果幸運找到主管或人資，我會直接寫信給他們，介紹自己的背景、還有為什麼對該職位有興趣。

找業內人士請教心得

我曾看到美國零售企業沃爾瑪（Walmart）開出國際傳播部門（Global Communications）的職缺，內容是協助公司高層對公司內部的溝通，沃爾瑪是跨國企業，需要多語言的跨國人才。於是我透過 LinkedIn 找到了肯尼，他當時是沃爾瑪的企業發言人，他也讓我親眼看到，找到一份對的、適合自己的工作，竟然可以讓一個人如此閃閃發光。

我寫信給肯尼時，跟他表明我對沃爾瑪很有興趣，也相信我的專業能力可以對公司做出貢獻，想跟他請教公司的文化，他很快就回覆，說願意跟我聊聊，我們準時打開視訊，他第一句話就問：「告訴我，我能幫妳什麼？」

肯尼不吝向我分享他的故事，他一路曾經當過記者、政治人物助理，再到沃爾瑪成為基層員工，最後慢慢當上發言人。我問他：「你為什麼喜歡在這間公司上班？」肯尼說：「當公關、發言人時，因為這間公司的力量太大，從來不會有記者拒接我的電話。」正當我想質疑這都是外在、辭職後就沒有的光環，他接著說：「這真的是一個充滿可能性的公司，我一開始只是個基層小店員，後來慢慢當上店長、進到總公司、當上發言人。在疫情期間，我跟所有高層一起做出重要的決策，影響了這麼多人，我覺得我的工作，是在為公司的價值觀努力。」接著，他說出一句震撼我的話：「我在這間公司，每天醒來都覺得充滿活力，對我正在做的事絲毫沒有負面情緒。」

他這樣說的時候，我看到他閃亮的眼神，我知道他沒有說謊，我隔著螢幕感受到他對這家公司的熱情，最後，肯尼告訴我：「我從來沒有拒絕過陌生人在 LinkedIn 上要找我問問題的邀約，因為過去也有人這樣幫助過我。」

肯尼很熱心的把我的履歷轉發給人資，我也順利跟開出職缺的團隊面試，雖然到最後他們選擇把被資遣的員工聘用回來，沒有給我 offer，但一路的面試感受都很好。我相信這是一間企業文化良好的公司，也因為肯尼，讓我開始相信「人脈經營」的力量。

拋開害羞，主動出擊才能挖掘機會

在這之後，我都會鼓勵在美國找工作的國際學生不要害羞，一定要把握每個可以跟人家聊天、多了解對方公司的機會，就算對方不一定能幫你在內部推薦，至少可以用一杯咖啡的時間，了解對方如何成功找到工作，或對其他公司有更深的認識，這些收穫，都會內化成自己的養分。

其實大多數來自亞洲的留學生都有很棒的專業能力，但因為我們的文化習性、語言隔閡，不太敢表現自己，也不敢跟不認識的人接觸或請求幫忙，我自己也是這樣。我從二〇一九年開始，在一個非營利慈善新創機構「NEX Foundation」擔任義工，這是一個以美國為據點，希望透過研發和經營線上的資源平臺，協助海外人才在國際舞臺上發光發熱的機構，並且提供企業媒合、職涯諮詢、媒體實驗、社群聚會等計畫，期盼建立具有延續性的全球臺灣人才互助圈。我在裡面的 Media Lab 擔任編輯，寫了好多關於臺灣

在異鄉要站穩腳步，從來就不是件簡單的事。

人如何在海外站穩腳步的故事，一起做義工的夥伴大多都任職美國的大企業，但我在失業期間，卻因為各種「不好意思打擾別人」的顧慮，沒有好好運用這些資源，現在想起來，都為當時的我感到可惜。

人脈經營要用感情，而非「利用」

建立人脈的過程也有需要注意的地方，保持禮貌、勇於推薦自己、不要害怕被拒絕，都是不可或缺的要件，而我個人認為最重要、也最容易被忽略的一點，其實是「感謝」。無論在學校或職場，對於曾經教我、幫助我的人，要一直放在心裡，因為那都不是別人的責任或義務，特別是在找工作時，那些幫我投履歷或推薦我的人，都是在消耗他們的資源跟信用度，更是要衷心感謝。

但感謝這件事，絕對不是放在心上或嘴巴說說就可以了。在美國，拿到 offer、正式加入公司前，通常都會針對新進員工做背景查核（reference check），會要求新進員工提出幾個過去曾經一起共事的人做查核作業，這件事情不僅在考驗在前幾份工作是否有結下良緣，也證實了在美國保持人脈真的很重要。我個人會做到的是，無論是幫我跟新公司人資進行背景查核或推薦工作的人，我都會在事情結束後跟他們分享更新狀況，例如我決定接下offer，或背景查核完成、順利入職了，跟對方聊聊在新職位工作的感想或面試經驗。如果時間許可，也會邀請對方吃飯作為感謝，趁著吃飯的機會進一步交流、學習。

曾有位新聞圈的大前輩幫我介紹了一家中文媒體的面試，雖然之後我沒有接下offer，但我還是傳了訊息跟前輩解釋我沒有接受那份工作的原因，並且誠心感謝他的幫忙，他回我：「在異鄉不容易，希望妳之後有能力，也要幫助更多後輩。」

是呀，在異鄉要站穩腳步真的不是件容易的事，「臺灣人要幫助臺灣人」是很溫暖、感動的傳承，希望我們都能定期省視自己，我一直警惕自己，不把別人的幫忙當作理所當然，希望能像曾經照顧我的人一樣，有能力幫助別人。

最重要的競爭力是「受挫力」

以前找工作，我可說是面試常勝軍，
沒想到在美國，收拒絕信成為家常便飯，
我常開玩笑：「在美國找工作真傷自尊，
收拒絕信收到信箱空間都滿了。」

在美國找工作時，我的心理壓力極大，身為國際學生，沒有美國公民的身分找工作已經比較困難，還要面對即將斷炊的經濟壓力，最痛苦難熬的大概就是每天都會收到各家公司的拒絕信。以前在臺灣找工作，我明明就是面試常勝軍，怎麼到了美國，收拒絕信就像是家常便飯，我常跟臺灣的朋友笑說：「在美國找工作真是件傷自尊的事，收拒絕信收到信箱空間都沒了。」

面試不受尊重，受挫加倍

我在研究所畢業前兩個月，我看見一間結合新聞、ＡＩ、社群媒體大數據的科技公司在找有記者背景、了解亞洲議題又會說中文的人。「這百分之百是我吧？」信心滿滿地投了履歷後，果然隔天就接到ＨＲ的電話，他簡單了解我的履歷背景後，跟我介紹了公司、公司福利、薪資，並且承諾如果應徵上了，協助辦理工作簽證沒有問題，最後他告訴我面試程序總共會有五關，只要能順利通過，我就能獲得在美國的第一份正式工作。

第一、第二關是跟同組同事進行三十分鐘的電話面試，對方也有記者背景，在亞洲生活過，我們聊得非常開心，順利過關；第三關跟第四關則是在限時內，把中、日文翻譯成英文、以及英翻中、日文的筆試。畢竟英文不是母語，考試時我超級緊張，幸好還是過關了。一路過關斬將後，終於來到第五關，這時我已經花了整整一個月面試這間公司，最後一關，是要前往公司位於紐約的辦公室進行「onsite interview」。

「onsite interview」代表你已經通過了前面的重重考驗，拿到總決賽的門票，有資格進到公司裡跟面試官聊聊。美國幅員廣大，許多大型企業甚至會負擔應徵者的機票、住宿，用盡全力吸引最佳人才。在onsite之前，人資通常會告知你的面試官是誰，讓你在面試前有充分時間作準備。怎知面試當天，人資本來告訴我要跟四個長官面試，一人三十分鐘，進了辦公室後才突然被告知其中有三個人不能來，會安排另外兩人來跟我面談，也就是說，我之前在LinkedIn的背景調查都沒用了。

第一個進來跟我面談的組長是個白人女生，臨時被拉進來面試的她，語速是我此生聽過最快，滿臉寫著「我很忙，沒空聽你講話」；第二個組長則很開朗，跟我談笑風生，我也因此稍微放鬆心情，甚至覺得自己現得挺好的。到了第三個長官，也就是唯一一個沒有取消行程的長官，他不僅遲到了十五分鐘，一進房間後才匆匆打開手機找我的履歷，整個談話過程也是一臉興致缺缺。

離開公司後，我覺得我的面試失敗了，他們根本就對我沒興趣。沒想到隔天接到HR電話，說其中一個面試當天沒來的高階主管要跟我講電話。我納悶地想，這應該是個轉機吧？至少我還在他們的考慮名單裡。但講完電話隔天，我就收到了拒絕通知。理由是我沒有處理即時數據（Real-time data）的實際經驗，而這項技能明明是他們在第一關或看履歷時，就清楚知道我沒有的。

這次的面試過程與結果都讓我非常沮喪，明明我在亞洲找工作無往不利，到了美國卻要把過去一切經歷抹去。這間公司是我在紐約找工作以來，第一次離理想的工作offer這麼近，花了一個多月準備，就這樣失敗了。我躲在家裡痛哭了一天，上演了一次電視劇演的悲傷五階段，一下怪自己沒有處理數據的能力、一下怪自己英文不夠好，哭累了又氣那間公司明明一開始就知道我沒有數據經驗，幹嘛浪費我時間，而且當天才換面試官、還有人遲到，到底有沒有尊重人？五階段跑完一輪，我擦擦眼淚，日子還是得繼續過下去。

面試過五關斬六將，依然被刷掉

整理好心情，繼續投履歷，不久後就接到美國一家大型零售連鎖店的通知，這是一個公關部門的職位，我再度過關斬將，最後一關跟直屬上司面試時，氣氛超級好，相談甚歡。面試結束後，我連感謝信都還沒寄，就收到對方在LinkedIn上的好友邀請，我欣喜地認為，這是面試官很喜歡我的「訊號」，收到offer的可能性很高。結果過了兩個禮拜，我收到了那個面試官的拒絕信，他說我的面試表現非常傑出，只是很可惜，由於預算關係，他們決定從內部調派人員來填補職缺。

他在信裡的最後寫著：「如果妳後續有看到我們公司的職缺，請務必跟我聯絡，我會幫妳介紹，我相信只要有妳在的地方都會閃閃發光，希望我們未來有這個榮幸能與妳共事。」這是我看過最有誠意的拒絕信，可惜，無論寫得多真心誠意，這還是代表我沒能拿到工作，免不了一陣子沮喪跟傷心。

當時的我還不知道，往後找工作的日子，我還有更多挫折必須面對，甚至面臨失業、被公司解雇的挑戰。現在往回看，在美國找工作真的是每天都必須在面試時表現出最好的自己，要讓面試官願意聘用你的先決條件，就是你要說服他「你真的夠好」，但往往也需要接受收到拒絕信後的自我質疑。在不斷覺得自己不夠好、卻要說服自己可以克服困難、在面試官面前好好表現之間無限輪迴，這可能是以前在臺灣的我很少承受到的心理壓力。

因此，我在美國找工作的最大心得就是，除了要有好運氣、超群的實力，最需要具備的是受挫的能力。被拒絕、失敗、跌倒都不足以讓你放棄世界，無論遇到什麼困境，只有堅持下去，才有突破的機會。

第一份工作就被裁員

被裁員固然沮喪，
我也趁機檢視自己在美國求職路的弱點。
到底能不能順利在美國就職，
也只能盡人事聽天命了……

畢業前夕，我拿到了一家日本報社紐約支社的新聞助理工作，月薪稅前只有三千美金（約新臺幣八萬五千元），不包含保險或其他大公司會有的福利，這樣的薪資條件實在很難負擔曼哈頓高額的房租跟生活開銷，而且想到自己在臺灣累積的新聞資歷，當助理幫記者約訪、整理採訪文獻、翻譯稿子，實在有點大材小用。我花了這麼多學費來念研究所，難道就是為了留在美國做助理嗎？就在我腦中充滿著這些自我質疑時，接到了一通錄取電話，對方是來自中國的茶飲品牌，正打算拓展全球事業，很喜歡我的履歷，也開出了不錯的薪水跟職稱，我因此決定接下新挑戰。

從早忙到晚，因工作失去生活

原本我應徵的職稱是行銷經理（Marketing Manager），負責在紐約的行銷專案，但入職後不到兩個月，我的主管跟我說，公司也打算在日本展店，展店時程應該會比美國快，因為我會日文、對日本文化也熟悉，希望我也可以負責日本市場，於是我又變成了全球行銷經理（Global Marketing Manager），但是，薪水、福利沒有增加。雖然覺得責任變大、薪水卻沒提升，但當時正是疫情剛爆發時期，美國店連個雛形都還沒有，我就抱著「先做做看」的想法，接下了工作。

沒想到這居然是一連串地獄的開始，我每天工時都超過十二小時，有時候只要眼睛一張開都在工作。因為時差的關係，幾乎每天晚上都要跟在亞洲的團隊開會，星期天晚上也不例外，也就是說，我連基本的週休二日都沒有。除了工時長，我發現總公司根本還沒有做好國際化的準備，總部裡鮮少有能用英文溝通的人，所有翻譯工作都落在我身上，不只語言隔閡，他們對國際市場的理解也不夠透徹，很多在美國、日本稀鬆平常的事情，都會因為「在中國不是這樣做的」遭到質疑，像是因為中國人力費用低廉，也沒有小費文化，中國的外送平臺不會跟消費者收取太多的手續費或小費，但是在美國，外送平臺需要跟消費者收取手續費、外送費、小費，光就這些費用，我就花了至少兩小時跟總部開會解釋。

美國投資人挹注新創產業的風氣興盛，美國交易所也接受各式各樣的估值方法，過去幾年，有不少中國企業到紐約證交所掛牌上市，對許多中國企業來說，到美國ＩＰＯ等於「進軍國際」，根據傑富瑞（Jefferies）的統計，二〇二〇年有十家中國企業在美完成ＩＰＯ，排除特殊目的收購公司（ＳＰＡＣ）占市場超過百分之二十，是二〇一〇年以來最高比例的赴美ＩＰＯ申請。我的公司也以在美國上市為目標準備募資，但是真的在中國企業工作後，我發現中國本土企業要跟國際接軌還是有一定難度。

首先，中國企業內部的管理方式跟企業結構還是偏保守，雖然中國有許多願意埋頭苦幹的「好員工」，但懂得國際趨勢的人才難搶，最重要的是，很多企業缺乏「做品牌」的概念，像是公司賣茶飲，如果只停在拚銷售、拓展通路，很難真的跟星巴克這種「賣理念、賣生活型態」的品牌一較高下。許多中國企業就算走出國門，在意的依然只有銷售量，以及想要原封不動地把在中國的成功模式搬到國外市場，這些都是我在中國企業內看到的挑戰。

陷入徬徨的待業人生

只不過沒想到接下這挑戰後，疫情開始爆發，展店招聘計畫全數凍結，本來在美國的團隊應該要持續擴大，最後卻只剩我一人獨撐，還要同時負責日本的開店計畫，而總公司的文化就是能者多勞、誰有能力誰做事。在我多個熬夜、身心極度疲憊的狀態下，我真的以「遠距」的方式成功完成了日本的開店計畫，雖然在日本拿下不少媒體報導，但我一點成就感也沒有，不只覺得沒有成長，更隱約感受到自己對行銷工作並沒有熱情。就在這個時候，公司總部傳來決定：「由於疫情及中美關係惡化，要把美國的展店計畫全部暫停，美國公司的員工全數裁員。」好消息是，我沒有在裁員名單內，但要繼續領薪水的條件是我得去中國參與二線城市的展店計畫，何時能回來美國？沒有確定答案。

思考時間沒有太久，我拒絕了公司的安排，展開了我這輩子第一次的待業人生，大概會有人說：「去中國沒什麼不好啊，至少還能有一份收入吧。」的確，這應該是一條穩妥的路，但對我來說，在一份工作當中的成長跟成就感是更重要的事。

雖然聽到自己要失去工作時，說不焦慮、不難過、沒有壓力都是騙人的，但冷靜想想後，其實心情是輕鬆的。畢竟我在發現公司總部制度紊亂時，就已經萌生了辭職的念頭，被資遣只是有個契機，讓我真正開始找下份工作。而且在職的這八個月，我天天工作超過十二小時，完全沒時間過自己的生活，連在房間跳健身操都怕中國老闆傳訊息我沒即時回覆，週末看個影集也手機不離身，確定要離職後，我才終於有時間去中央公園散步、有時間思考下一步，同時也反省了過去的人生。

經歷了長年的記者工作，我的專長就是可以在最短時間內整理大量的資訊，再不怯場地站在鏡頭前，用淺顯易懂的方式說給大家聽。這種訊息整理、溝通、公開演說的技能，絕對不是每個人都擁有的，這點我有自信。但這一套技巧帶到美國，瞬間變成虛幻，一來每個美國人都很會講話，二來我的中文優勢不再，這時就需要更深的專業知識，讓我在求職路上脫穎而出。我認真地思考，我偏偏就是一個算金融會算到哭的數學白痴，窮極一生喜歡的就是媒體、新聞。你讓我講政治，我懂一點；你讓我說國際關係，我也就懂那麼一點點。房地產？採訪過好幾個國家，但也稱不上專家。科技？寫過好幾篇報導，但這樣就能進科技公司嗎？也不好說。

說白了，除了「說故事」，我沒有一個能讓我變成專家的背景知識，所以趁這次機會，我也看到了自己在美國求職路的弱點，決定針對這些去加強，讓自己更有競爭力，而到底能不能留在美國繼續工作，也只能盡人事聽天命了。

上班兩天就被資遣

紐約剛入秋的涼風吹在我臉上，
街上的行人都在過著他們的日常，
我對著天空發呆，想著，上個月失業，這個月被資遣，
老天爺到底還要給我多少考驗？

離開中國茶飲公司後，我開始積極尋找新工作，因為OPT簽證只允許九十天的失業期，待業超過三個月簽證就會失效，必須打道回國。即便在沒有疫情的狀態下，要在三個月內找到工作都已經有一定難度了（可別忘了我曾花了一個月面試一間公司），更何況疫情影響，美國的失業率從二〇二〇年二月分的百分之三・五，一口氣飆高到百分之十四・七，創下第二次世界大戰以來的最高紀錄，許多公司都開始放無薪假、凍結招聘計畫，要我在這種時局找工作，簡直是強人所難啊。

接下新工作的不祥之兆

但奇蹟似的，我在離開前公司後兩週就接到了面試通知，是一家已經在紐約成立三、四十年的市場調查公司。雖然在疫情嚴重之際，他們要求我進辦公室面試，但失業的人沒資格挑剔，於是我戴著兩層口罩準時赴約，職位是國際市場調查專案經理（Global Market Research Project Manager），主要工作內容是針對華語市場、日本市場做市場調查，包含問卷調查分析、專家深度訪談，我覺得自己面試表現還不錯，也在面試後隔天就收到了offer。

一切聽起來如此完美，此時我心中的警鈴卻鈴聲大作！在美國，只要稍微有點規模的企業，面試都不會只有一關，我再怎麼萬中選一也不會出類拔萃到隔天就拿到 offer 啊，再加上寄 offer 來的 email 裡還錯字連篇，另外還有一個奇怪的地方，我應徵的明明是專案經理，offer 上的職位卻是業務開發。一切的一切都太怪了，於是我向公司提出釋疑。老闆解釋：「我們覺得妳的能力很適合做業務，所以給了妳業務的職稱，當然在我們的培訓開始半年後，妳如果對做市調有興趣，我們也會讓妳嘗試。」

對方開的薪水跟我前一個工作差不多，條件是每天都要進辦公室上班，也強調大家都會戴口罩。這家公司在紐約已經成立超過三十年，合作對象都是超大的公司，如果能在這裡有市場調查的經驗，再轉到企業內部應該也不難。考量到我現在在紐約的每一個呼吸都是在燒錢，我決定先去上班，一邊找別的更喜歡的工作，騎驢找馬，先有份收入再說囉！

於是，這個故事就變成警惕大家千萬不要騎驢找馬的警示文，因為你想像中的驢，可能是個王八烏龜。

毫無制度的公司，失控的慣老闆

報到第一天，有另外兩個跟我同樣職位的新人一起報到，一個人先前在尼爾森有十多年經驗，另一個跟我差不多年紀，剛從哥倫比亞大學研究所畢業。這家公司的老闆外表就是典型紐約富裕層白人，至少六十五歲的她依然堅持穿套裝跟高跟鞋上班，她個性急躁，看到我們拿著咖啡在跟彼此打招呼，沒好氣地打斷：「我付錢請你們不是來聊天的，請開始今天的工作。」然後她就急著開始所謂的培訓，叫來口中從英國分公司調來的業務總監訓練我們，但這個業務總監怎麼看都只有二十五歲上下，說是培訓，卻花了二十分鐘還找不到專案的資料，在寫提案書時錯字連篇，身為外國人的我居然在三十分鐘內就糾正了他三個拼字錯誤，而那份提案還是要交給ＩＢＭ的呢。

上午的培訓結束後，老闆要我們三個剛報到的新人一人負責一個客戶，試著回信報價，另外每人也被分配到一批名單，要針對之前已經聯絡過的客戶追蹤他們的合作意願。我用規定的制式內容回信後，她又氣急敗壞地要求：「不要副本給我！我不會看！妳每回一封信都要列印出來！」十分鐘後，印表機不聽使喚地壞了，所有人都在等著列印自己寄出的信件，於是她每隔三分鐘就尖叫：「印表機壞了！什麼時候修好！」每五分鐘就打給印表機公司，半小時後，她的電話被印表機公司封鎖了。

可想而知，她也不會用雲端、不會用Google文件，所以公司的專案管理編碼都只能固定在一臺電腦內處理，也只能用固定的電腦更新Excel檔案。第一天下班後，我的身心都疲累到極點，打電話給男友：「我覺得這公司的管理制度極度混亂，我不是很想待

才上班兩天就被資遣，我彷彿進入了人生的
黑暗期。

耶，反正存款也還夠讓我在家找工作，乾脆我別待了吧？好浪費生命。」

第一次被解僱成就解鎖

第二天上班，心裡正在猶豫要不要向老闆提出辭呈，我跟另外兩位同天報到的同事被叫去了會議室。老闆語重心長的說：「我們昨天失去了今年最大的客戶，還會被告，很遺憾地，公司沒有預算聘用、也沒時間培訓你們了，我們的合作就到今天終止。」原來，這家公司壓低做市場調查的價格，搶下了一間知名大企業的案子，但是公司的市調做得實在太雜亂無章，調查結果絲毫沒有根據，客戶決定解約並求償，而我和同事成為這場失敗案子的受害者，上工第二天就宣告被資遣，其中一位甚至還剛為了這份工作從加州搬來紐約，這下要她如何是好？

而我呢，獲得了人生第一次被解雇的經驗，還有半個月薪資的資遣費，走在回家的路上，紐約剛入秋的涼風吹在我臉上，街上的行人都在過著他們的日常，我對著天空發呆，想著老天爺到底要給我多少考驗呢？上個月失業，這個月被資遣，在美國找到一個理想工作真有這麼難嗎？但我沒有時間思考這些問題，九十天失業寬限期正在逼近，我得繼續找下一個工作，只能卑微的希望，下一個老闆懂得使用email的副本功能。

緊迫盯人的瘋狂主管

從結論說起的話，
在美國找到理想工作，
對我來說好像真的比登天還難。

被市調公司資遣後，我開始瘋狂投履歷，當時的美國就業市場低迷，許多公司不願聘用正職員工，改以約聘的方式維持運作。投履歷不久後，我收到一家派遣公司的面試通知，他們在幫Google找約聘人員，職位是內容審核員（Content Reviewer），工作內容是用中、日文監測Google的廣告內容，如果有不符合規範的內容，就必須讓它們下架。這樣初階的工作內容，時薪只有二十美金，每週工作四十小時，扣完稅、付完紐約高昂的租金後，我就只剩下吃飯錢了，根本不可能存錢，更別說Google所有令人稱羨的福利，約聘人員都享受不到。

就在我猶豫是否要接下這份工作時，收到紐約一家廣告代理商的offer，這家廣告代理商在紐約成立許久，專門做亞裔市場的廣告投放，客戶有州立農業保險（State Farm）、麥當勞等美國知名企業。唯一可惜的是，這家公司看準現在有很多應屆畢業生或國際學生急需就業機會，開出的薪水硬是比一般行情低了將近一半，年薪只有四萬美金（約新臺幣一百一十萬元），每個月扣完稅、保險等雜費，實領到手的只有兩千四百元美金（約新臺幣六萬七千元），當時我的房租是一千五百元美金，扣完網路、水電、吃飯費用，就完全沒有預算可以購物、參加娛樂活動了。

想從做中學，卻遇上恐怖主管

我對廣告投放一點經驗都沒有，於是決定接下這份工作，也當成學習機會，並打算利用下班時間充實自己，上一些數據管理相關的課程，增加就業競爭力。無奈人生的劇本通常不會照我寫的走，這份工作薪水低，卻一點也不輕鬆，每天加班到晚上八、九點是常態，沒有加班費也沒有補休，就連一般公司會放假的復活節、聖誕夜、感恩節，我們統統都要上班，最可怕的是——我的主管是個控制狂。

我的直屬上司是個印度人，據說在印度有十年的廣告代理商經驗，搬來美國這兩年也都待在同樣產業。奇怪的是，她有很多表格都看不懂，很常在下班時間打給我確認預算問題，如果不小心沒接到，她就會奪命連環摳，一直打到我接電話為止。上班時間也好不到哪裡去，因為疫情，大家都是遠端工作，公司的通訊平臺是Slack，她很喜歡在團隊共用群組裡標記別人，如果三分鐘內沒有回應，她就會瘋狂標記到你回應，才肯罷休。

@Joyce 妳可以確認一下這個活動的數字嗎？

@Joyce ？？？

@Joyce 妳在嗎？請快點回答。

她並不是針對我，因為她每天都會對每一個組員這樣苦苦相逼，但大家手上都有不同任務，有時候在開會也無法即時回覆，卻因為沒有在「她規定的時限」內回答她的問題，就會被瘋狂標記。而除了預算表格，她還有很多搞不清楚狀況的事，導致我們常常做好的事需要全部打掉重練。記得有一次已經快要下班了，她卻突然告訴我，因為她給我的預算數字講錯了，所以我排好的廣告計畫要全部重來。

我忍不住問她：「妳下指令前都沒有先跟客戶確認好嗎？」

她一時語塞，但又回我：「重做應該很快吧？」

我只好跟她說：「如果妳覺得很快，我現在可以分享螢幕給妳看，我需要花多少時間改一家媒體，而我們手上有三十多家媒體要改。」但抱怨歸抱怨，我還是得認命，沒日沒夜的重新修改這些計畫。

就在隔天，她提議要幫大家點星巴克，邀請大家線上視訊聯絡感情，但我必須在當天五點把修正過的廣告計畫發出去給配合的媒體，正深陷於水深火熱當中，卻又不斷收到她在群組內的標記，逼問我要喝什麼，我只好回她：「我還沒有改完廣告計畫，請讓我缺席今天的視訊，大家好好享用飲料！」沒想到這居然讓她放出了大絕招，情緒勒索。

好，既然妳這麼忙我們就取消！
（@所有組員）你們都不用想喝飲料了！
（@最大長官）直接取消！Joyce 最忙！取消！

我被發飆得莫名其妙，同一天也有另一個組員被掃到颱風尾，跟她確認企畫案數字時，因為她不知道正確答案，她的反應居然是破口大罵：「你可以不要再問那些我答不出來的問題嗎！」

我們都不認為這樣的行為應該被容忍，這已經是某種程度的職場霸凌了，對於工作也造成很大的影響，於是其中幾個組員約了大長官，秀出平常印度主管跟我們的對話內容，以及她逼迫人必須短時間內回訊息的證明。大長官看得瞠目結舌，頻頻跟我們說：「這樣的行為不能在公司內發生。」既然大家都已經攤牌了，我也在跟大長官一對一談話的時間一併把公司薪水過低、假日不放假等等狀況開誠布公，詢問公司是否有加薪空間，但對方兩手一攤：「因為疫情影響，我們的預算也很緊繃，很抱歉，加薪的可能性很低。」毫不意外地，之後印度主管緊迫盯人的習性也沒有改善。

經過這次經驗，我常跟朋友或讀者分享，面試時不只是公司在面試你，你跟企業應該處在相同水平，也去評估自己是不是真的想去那間公司上班，透過跟未來主管、同事的談話內容，了解公司的福利跟文化，雖然有時候真的需要撩落去才能真的看見問題。如果給的薪資低於行情、或不符合你的想法，那就必須有更大的誘因，最好也不要因為簽證屈就自己，因為在美國，慣老闆依然隨處可見，美國的月亮，真的沒有比較圓。

我的美國夢，終於實現了

失業、被資遣又遇上慣老闆，無論再樂觀，
我都開始懷疑自己是否不適合待在美國？
就在這時，紐約再次證明，
這裡是個會讓奇蹟發生的地方……

失業、被資遣又遇上慣老闆，無論再怎麼樂觀，我都開始懷疑自己是否不適合在美國工作？我的價值是否一定要回到亞洲才會被看見？就在我開始著手準備日文履歷，打算投遞東京的工作時，紐約再次證明，這是個會讓奇蹟發生的城市，只要你夠努力、夠有韌性，美國夢還是有可能成真。

靠自薦獲得夢幻工作面試機會

二〇二〇年底，我還在廣告代理商公司載浮載沉，無意間看到一家出身矽谷的新創科技公司在招聘熟悉日本、中華圈市場的人，工作內容是做相關法規的研究，這家公司的產品、理念都讓我非常有熱忱，而對日本、華語圈市場的研究本來就是我的專長。我鼓起勇氣在LinkedIn上找到了那個團隊的主管，傳了一封文情並貌的訊息跟她毛遂自薦，結果她馬上就回信想要跟我聊聊。面試依然有五關，先是跟主管面談、寫調查研究作業、跟主管討論作業內容、跟組員面談，最後才是跟人資談入職條件。

我抱著破斧沉舟的決心，整個新年假期都在做公司交付的作業，出乎意料地，整個過程我都很享受，學習了很多新知，覺得公司的產業跟業務都很有意義，也背負著社會責任，最重要的是，我好像回到當記者時，為了製作專題消化大量資訊，並且整理出來，讓看的人能夠輕鬆理解。

主管看過我的作業後，覺得很滿意，於是我又花了整整一週做功課、練習面試。第四關的面試整整進行了四小時，因為我要一一跟資深組員聊天，氣氛都十分融洽。一路到了第五關，我的表現都比平常練習時更好，我以為我就要完成我的夢想了，可以得到一份不錯的薪水、做喜歡的工作。沒想到隔了幾天，人資寫信告訴我，組員都很喜歡我，我的作業非常傑出，但是很不幸地，他們公司目前暫停聘用所有外國人。

「才不是因為簽證問題，簽證一定是藉口，我就是爛，我就是沒有比人家傑出！」當時我人在臺灣居家隔離，躺在床上哭了一整天，男友怎麼安慰我也沒用，臺灣朋友也不懂我在哭什麼，美國的朋友雖然明白外國人的身分在美國找工作有多痛苦，但大家也愛莫能助。我的研究所同學聞訊，傳訊息給我：「我知道妳現在很容易責怪自己，所以我必須告訴妳，妳的經驗豐富，沒被錄取不是妳的問題。記得吃東西，不要讓妳的一天再糟下去了。」

誰管你們，我就是要繼續哭，崩潰的我繼續責怪世界有多不公平，因為我真心在面試這個工作時，為公司的理念心動，不是因為單純為了留在美國，也不是看上這家公司的名聲，這次我真的感覺到，我找到了喜歡的工作，也盡了百分之一百二十的努力，結論竟然只是因為我沒有美國身分而被拒絕，我不管，我就是要哭！

哭完了，世界沒有因為我的眼淚停下來，我還是只能待在薪水養不活自己的廣告代理公司找尋新的機會，陸續接了幾個面試，拒絕了幾個 offer，就像被真愛甩了一樣，我始終沒有再對任何公司或職位有怦然心動的感覺，也找不到前進的動力。

失去人生方向之際，奇蹟發生

我真切感受到，自己在美國的人生已經開始失去方向，被困在低薪的廣告代理公司，找工作也沒遇上能讓自己熱血沸騰的工作，我開始猶豫了——要回臺灣嗎？有點不甘心，硬留在美國？有點浪費生命。直到春天，我簽下了另一家公司的 offer，單純為了高薪、還有對方承諾幫我辦綠卡，既然如此，不妨先做做看吧，就算真的要回家，也得先用盡全力。

就在我簽完 offer 的那週，奇蹟出現了！年初因為我沒有美國身分而拒絕我的公司主管再次聯絡我：「Joyce，我們的人資部門增員，現在有足夠人手處理外國人的聘用手續，我們很喜歡妳的表現，希望妳對上次應徵的職位依然有興趣。」我從鏡頭裡看到自己的眼睛在發亮，那個眼神，我真的好久沒看到了。主管繼續跟我談 offer 的細節，無論是薪水、公司股權、福利，每一個都在標準之上，是我來美國念書之後達到的最大目標，我真的開心到快要飛上天，只差沒立刻跳起來尖叫。

由於疫情關係，公司把位於矽谷的辦公室退租，全面轉為遠距模式，所有員工都可以在自己的所在地遠距工作。接下工作後，我立刻收到公司寄來的筆記型電腦、螢幕、滑鼠，我買了一本漂亮的筆記本給自己當作紀念，想讓自己永遠記得這份悸動。

入職第一天，我的主管要我先不要急著想自己會接到什麼任務，而是希望我幫自己制定出三個月、一年內想要達成什麼樣的目標、有沒有想試試看的工作？對於跨入新的產業，我充滿期待，也多少有點不安，我的主管似乎看出我的緊張，她告訴我：「第一個月，我希望妳盡情地吸收所有專業知識、盡量跟公司的人聊天，把自己當成一塊海綿。第二個月開始，我們就需要倚靠妳的專業能力了。」

就這樣，我終於進入了自己夢寐以求的公司，展開了紐約的冒險新篇章。

彷彿聖誕奇蹟般，我終於進入理想的公司就職。

疫情徹底改變「公司」的樣貌

Ownership，意思是每個人都能主導自己的工作，
但也要負責承擔成敗。
難道這就表示居家工作就可以打混摸魚嗎？
當然不！

美國的科技公司寵員工早就不是新聞，Meta、Apple、Google等首屈一指的科技公司那些開放新穎的辦公室、健身房、每天更換菜色的自助餐、吃不完的零食，已經是他們的標準配備。想要留住一流人才，福利也要有創意，有些公司會提供無限的有薪假，只要工作做得完，愛請多少假就請多少，還有些公司則會大手筆包下度假勝地的飯店，讓員工好好充電。

公司搶人才，花式寵員工

疫情發生後，全球經濟樣貌改變，美國的就業市場也很詭譎，在疫情爆發初期，失業率飆高，美國聯邦政府於二〇二〇年三月緊急通過規模兩兆兩千億美元的紓困案，提高每週的失業救濟金，並提供失業者和自由工作者補助。但到了二〇二一年，疫苗開打、疫情看到了曙光，接著美國全面開放，加上疫情期間靠著網路大幅成長的新創企業不少，導致各行各業都在缺工，從肉品處理場、建築業、服務業甚至是科技業、金融業，全都在哀號找不到好人才，甚至出現釋出招聘訊息卻無人應徵的狀況。

我的公司也遇到一樣狀況，面試了好幾關，好不容易有適合的人選、發出offer後，對方卻回說已經收到了更好的offer，拒絕了我們。公司的人資就曾經感嘆：「我今年還沒看過誰手上只有一張offer的，整個新創產業都在搶好人才啊！」

人才難搶，科技公司的福利當然要加碼，我們公司也卯足全力花式寵員工，除了基本的醫療保險，提供每月一次的免費心理諮商，讓我們不要因為工作累積太多壓力。同事分散各地雖少了跟辦公室團購的樂趣，卻不定時會收到人資部門寄來的點心禮盒，提醒遠端工作不用太緊繃，要適時享用一些點心，最近還推出了「效率福利」，每月提供一百美金的額度，可以用在任何可以讓自己增加工作效率的事情上，你可以選擇享受一頓美食、請保母照顧孩子、帶家人享受度假時光、上課增進實力……只要想得到的，統統都算是「效率福利」，其實就等於每個月變相加薪。

而我的公司福利中我最喜歡的，就是「生育福利補助」了。隨著現代人結婚率下降、晚婚，平日忙於事業的科技新貴，可能在年輕時並沒有時間考量懷孕生子的計畫。因此，這樣的福利在矽谷相當普遍，包括Meta、Apple、Google等科技龍頭，已經有愈來愈多企業直接提供員工生殖醫學補助，無論是凍卵、人工生殖甚至領養、代理孕母的花費，都有公司提供支援。

每間公司的生育福利補助範圍都不一樣，我聽過最寵員工的公司，提供員工的額度是五萬美金（約新臺幣一百四十萬），這個數字大概可以在美國凍卵約四次，也可以做至少兩輪試管嬰兒或支付領養費用，更是代理孕母費用的三分之一。當然也有公司只提供女性員工的凍卵補助。提供這種補助的目的，是讓員工在做家庭計畫時能有更大的自由度，女性員工也不用因為生小孩而耽誤職涯發展，最重要的是，讓所有人的選擇都更多了。

居家上班已成為未來趨勢

除了花招百出的福利，能不能讓員工自由地在家上班，也成為很多求職者關注的重點。現在美國已經進入後疫情時代，二〇二一年，Blind網站針對Apple、Amazon、Microsoft、Google、Facebook、Qualcomm、Goldman Sachs及摩根大通集團（JPMorgan）等大企業的員工進行了一向問卷調查：如果年薪加薪三萬美金，願不願意回到辦公室工作？沒想到，居然有超過六成四的人寧願放棄加薪三萬，也不想回辦公室上班。只有JPMorgan跟Qualcomm兩家公司的員工有比較高的比例願意為了加薪回到辦公室。根據統計，到了二〇二五年，全美會有四分之一的工作人口以遠距形態工作，也就是說，將近三千六百萬人不需要進辦公室。

這也開始逼著許多企業加速雲端化的腳步。我的公司在疫情前，只有每週三是居家上班日，疫情發生後，公司被迫轉為遠距辦公，意外發現大家不進辦公室也能準時完成任務，所以公司評估後，把位於矽谷的豪華辦公室退租，宣布全面改為遠端工作。這樣一來，公司不需要把錢花在租金高昂的辦公室，員工來說也可省下痛苦的通勤時間，更有效地運用自己的工作時間。CEO在大會上分享，大家在過去一年，已經證明不需要進辦公室也能高效率工作，而且除去地域限制後，公司能聘請到各地的人才，她非常滿意這樣的新模式。

但遠距工作就等於居家上班嗎？我的老闆不這樣認為，她鼓勵大家「在哪都能工作」，絕不鼓勵大家整天只窩在家裡或同個空間。她說：「我沒有把辦公室的租金省下來，反之，我會把它投資在遠端工作上，提供需要的硬體設備，也會在各大城市設置共享工作空間，讓大家保有出門工作的彈性。另外，也想把這筆預算投資在人跟人之間的交流，等到安全時，大家可以一起旅行、吃晚餐，透過這些方式，更認識每一個人。」

老闆說到做到，開始遠距上班後，公司就開始提供共享工作空間的會員點數，讓有需要的員工可以到共享辦公空間工作。公司也開始把預算花在團隊建立感情上，我們組就會定期約一起視訊做點心，也安排每年一起旅行。

紐約的高級百貨公司 Saks Fifth Avenue 也把第五大道的旗艦店其中一層樓，改造成共享工作空間 SaksWorks，跟知名共享空間品牌 WeWork 共同經營。和一般的 WeWork 不同，這裡沒有提供免費的咖啡跟飲料，但可以直接點百貨內的美食送到辦公桌。

SaksWorks的設計概念是「白天的起居室」，因為在疫情後，很多人把家裡的客廳打造成居家辦公室，但在寸土寸金的紐約，不是每個人在家都有多餘的空間能當辦公室，所以SaksWorks直接送上一個客廳般的舒適空間，讓大家不用花重金在家打造工作空間。身為植物狂，看到空間裡擺滿了植物，心情就大好，裡面還有種植生菜的區域，把流行的「Farm to Table」概念也帶進工作場所。這裡也開設體驗教室，來工作的人還能製作香氛蠟燭，提醒大家要好好照顧自己的身心靈。

給予空間的工作模式，需要更多自律

每次想到公司的福利及開放的文化，我總覺得自己受到上天眷顧，能讓我體驗到這樣的美國公司文化，這對我來說確實是一個全新的刺激，也能感受到工作的心態與動力完全不同於以往。但我認為這樣的工作模式絕對不是一蹴可幾，遠距工作需要團隊的默契，而這樣的默契建立在公司對員工的信任上。而要建立信任，員工首先必須展現高度自律，在討論遠距工作模式時，「Ownership」是一個很常被提到的單字，他的意思是每個員工都擁有自己主導的工作，也要負起責任承擔成敗，也就是說，在家工作不等於放假打電動，而是要證明自己不進辦公室也能展現成效；公司的立場也需拿捏，就像放風

SaksWorks 充滿了綠意，讓人工作之餘也能放鬆。

Wework 就像飯店大廳般舒適，會提供免費的咖啡和茶。

箏一樣時而適時放手、適時拉緊一些，勞資雙方都要努力，才能建立起彼此的默契跟信任。危機就是轉機，一場疫情讓許多企業正視數位化時代的來臨，而這個改變的大好機會，端看經營者怎麼把握。

截然不同的新創產業文化

心態開放的公司，願意給不同背景、不同經驗的人機會。
「多樣性」不該只是口號，
擁有更多不同文化、背景的人才，
才能碰撞出更多火花。

來到美國前，我一直以我的記者經歷為傲，覺得自己可以在這麼高壓的環境中存活，不是一件簡單的事。但意外的是，記者經歷曾成為我在美國求職的阻礙。不少日商公司認為螢幕前的工作光鮮亮麗，我可能做不來枯燥的辦公室工作；想找美國的行銷工作，全中文的工作經歷一點也無法加分，使得我在求職路上跌跌撞撞。同一份履歷，對保守的公司來說，可能會覺得我貿然轉換跑道、不夠穩定，但我目前的公司卻更喜歡勇於挑戰的人，也歡迎不同背景的人才。

廣納不同人才，碰撞更多火花

我的同事有很多有趣的人，有人當過代理孕母、有人當過街頭藝人。工程師團隊裡有個女生艾瑪，在學寫程式前是一名舞者，大學學的是現代舞，畢業後就順勢成為舞蹈老師，小朋友也教、成人也教，哪裡有課哪裡去。雖然自由工作者的時間彈性，但幾年後，她開始厭倦了週末、假日都在上課的日子。於是，將近三十歲的艾瑪做了一個重大決定，她放棄在紐約的舞蹈人生，跟著老公搬到舊金山。老公忙於事業，百無聊賴的她報名了學寫程式的訓練營（Bootcamp）。沒想到才開學兩週，遇上疫情大爆發，課程全部轉成線上，六月畢業後，完全沒有正職工程師經驗的她對前途一度非常茫然，但她很快地過關斬將，通過了我們公司的面試，正式成為工程師。

我完全不是理工腦、數學超級差，非常佩服她竟然可以下定決心去學寫程式，還真的當上工程師。艾瑪聳聳肩：「有時你就是要去嘗試，學了之後，我發現寫程式真的很有趣呢。」當然我不會因為這番話就覺得自己突然可以變成寫程式高手，不過艾瑪的故事真的很激勵人心，最重要的是，能遇到心態開放的公司，願意給不同背景、不同經驗的人才機會。畢竟很多時候，多樣性（diversity）容易淪為口號，所謂多元不該只用膚色來分，擁有更多不同文化、背景的人才，才能碰撞出更多火花。

公司位階平坦化

新創產業文化的開放性，讓公司內部比較不存在太多階級，致力於創造「平坦」的位階，不只讓溝通方便許多，也打造了「有話就說、有問題就改進」的文化。

從我入職的第一天，我的主管就告訴我，她會很誠實地給我任何回饋跟意見，希望我也要這樣對待她，這可不是她口頭說說、只能看不能做的標語。我跟主管、主管的主管有定期會議，要給彼此在工作表現上的意見，他們會針對我表現好的地方表揚，也會問我覺得自己有哪裡做得不夠好？想要怎麼補強？需要他們哪些幫助？而這些回饋是雙向的，他們也會詢問我，他們的領導方向有沒有哪裡需要改進的地方。

這真是每個人都需要、卻也最難面對的時刻，定期檢視自己的表現並且改進做得不夠好的地方，可以幫助自己成為更好的自己，但有時候人會有盲點，透過別人的角度來看，可能可以發掘更多自己沒感受過的光芒，也更能知道自己在別人眼中的缺失。然而，「虛心受教」不全然是愉悅的，很多時候聽到別人說自己哪裡做得不夠好，會很自然地啟動防衛機制，忍不住想為自己找各種藉口，但若保護自己過了頭，也就失去了學習的機會。我非常珍惜同事、主管給我的回饋機會，讓我知道我的價值在哪、還有哪些需要學習的地方。

公司與員工的良性互動，創造信任

除了平坦的位階關係，我的公司也致力於確保「每個人的聲音都被聽見」。在臺灣工作時，我曾有幾次跟長官提出加薪的要求，理由是我認為自己為團隊做出了足夠的貢獻，以及越來越多的工作量。也有幾次，我跟長官反應了工作量的不平均，明明拿著員工的薪水，卻做組長的工作。但無論是加薪的要求或是對於公司制度的反應都有去無回，我不確定公司是沒有聽到我的意見，還是聽見了，卻不想要有作為。在臺灣，這樣的企業文化時有所聞，當人才抱怨累了的時候，唯一能選的路就是跳槽，再去找一家能看重自己價值的公司。而在美國的新創公司，我了解到「自己的福利真的能夠靠自己爭取」，公司也確實用行動展現了「我們有在傾聽員工的聲音」。

在我入職約莫半年後，公司的成長快速，我們的團隊大幅招聘新血。二〇二一年，美國求職市場很熱，公司又拿到新一輪的融資，我跟同一位階的同事意外得知，公司給新進員工的薪水預算，比我們多了至少一成。而我們這些舊員工不僅沒有清楚的加薪計畫，升遷制度也不透明。

我們的團隊在每個月底都會有檢討會議，每個人都可以用匿名方式寫出上個月想要感謝哪些人、達到什麼目標、有哪些地方需要改善、對組織有什麼問題，所以在某個月的月會裡，不少同事就表達了對組內升遷制度不明確、薪資水準不一的疑問。團隊主管看到後，當場就表示她正在擬定一套升遷制度，正在跟人資部門做最後確認。

月會後不久，人資部門就宣布，我們每一季度都會有考核，需要跟直屬長官討論自己這個季度達到的目標、需要的支援，在把每個季度的成效都記錄下來後，每年會依照表現評估是否加薪與升職。針對舊員工跟新進員工的的薪資不平等問題，公司表示，正在評估之後是否要給年資較深的員工更多股票選擇權，並不會有「新員工薪水福利較好」的問題。

在我經歷了痛苦、漫長的待業期後，多少抱有一種「能有份工作就謝天謝地了」的心情，而亞洲人總是把苦與怨懟在肚子裡，認為這就是堅毅象徵的習性，也常常讓我「不好意思」幫自己爭取太多權益。但同事們讓我明白，只要認為自己值得，就該大聲爭取，而公司也沒有讓我們失望，願意傾聽每個人的意見，認真做出回應，讓我覺得評估一間公司的文化是否開放，不該光看工時長短、是否能遠距工作，而是公司是否重視員工的聲音，願意跟員工一起進步與成長。

願意傾聽與廣納意見的公司，是給予員工更大的自由，也是賦予更多的責任。

上鏡頭也不怯場，卻成文靜乖寶寶？

因為受過長年的記者訓練，我能夠順利進行各種訪問，
朋友大概也不會形容我是「文靜」的人，
但自從那場團隊聚會後，我想在我的美國同事心中，
我就是一個沉默的亞洲人……

「Joyce，我想聽妳多聊聊臺灣的事，跟妳聊天太有趣了！」這是我結束公司團隊三天兩夜聚會後，當天晚上的夢境。夢中的同事露出期待的眼神，彷彿跟我聊天是世界上最有趣的事，但這個夢證實了——夢境跟現實是相反的。因為在遠距工作了半年多之後，第一次實際見到同事，我卻成了壁花，不但在餐桌上插不上話，連開會時也成為沉默少數。

成為一個沉默的亞洲人

雖然看不出來，但其實我有點怕生，一直以來都不喜歡跟陌生人或不熟的人講話，擔任記者時如果遇到要當街攔路人做街頭訪問，我就會非常焦慮，壓力超大。我是經過了長年的記者訓練，才漸漸「懂得聊天」，而得以順利進行各種訪問。在熟悉的人面前，我也擅於分享生活日常及各種好笑的事，無論是我自己或相熟的友人，大概都不會形容我是個「文靜」的人，但是很不幸地，在我美國同事的心中，我就是一個沉默的亞洲人，講話也一點都不幽默風趣。

加入公司大約半年後，我的團隊看著美國全面開放，決定舉辦一場三天兩夜的「Offsite」（線下活動），主要是讓大家有面對面交流的機會，也能藉著所有人都在的機會，一起更有效率的開會、工作。主管安排的行程是：每天早上一起吃早餐、接著一起工作；一起分小組吃午餐、一起觀光、一起吃晚餐、再一起小酌……也就是從每天早上八點到晚上十點，我都得跟這群美國同事相處，對我來說，光是要這麼密集地跟第一次見面的人相處已經很令人緊張，更何況我是組內唯一一個外國人，全天候要用非母語的語言溝通，也成為我的壓力來源。

從我加入公司以來，就只能透過視訊開會、跟同事交流，隔著螢幕開會時，如果有聽不懂的字，可以即時查字典，開會事前也都會知道會議主題，可以讓我事前做好準備、提前想好自己要如何發表意見。但當這樣的場景換成會議室，大家面對面開會、交流意見時，我失去了查字典的機會，當我腦海中還在翻譯大家講的話、消化完、想到自己應該發表什麼意見時，大家早就已經討論完、換下個話題了。記得聚會第一天早上的第一場會議，一個小時的時間，我一句話都沒說，除了對自己的表現相當失望，也理解到即使已經在美國工作了將近兩年，自己的英文能力還是有很多進步空間。

除了英文，自己也對美國文化沒有透徹的理解，當大家在餐桌上談論政治、脫口秀、電視劇、運動、流行樂曲甚至小說時，我無法接上任何一個話題，此時的我，想起一些在美國的臺灣朋友，都只跟當地人相處，久而久之，行為舉止跟說話方式都非常「美國化」，跟從小在這裡長大的人差異極小。這讓我開始氣自己，都來到美國了，怎麼沒有付出更多努力，讓自己更融入當地社會。

公司聚會活動讓我受到的衝擊過大，我陷入沮喪與自責的輪迴，還找上幾個在紐約的臺灣朋友，問他們怎麼跟同事相處。朋友胖丁說自己在辦公室屬於會跟同事閒聊的類型，我追問：「你都聊什麼？」

他說：「什麼都聊啊！但通常我只能撐五分鐘，就會跟他們說我要去忙了！」

另一位朋友亘亘說，自己也無法敞開心胸跟美國同事大聊特聊，明明講中文時就可以逗得大家哈哈大笑，轉成英文就變得很彆扭。她跟我分享，前陣子她需要跟別組同事要一份文件，對方怎麼樣都不給，但換成另一位同事去要，卻五分鐘就成功拿到文件，亘亘的主管跟她說：「我可以給妳一點意見嗎？妳必須跟其他同事當朋友，多跟他們聊天，這樣處理公事也會順利許多。」簡直說到了亘亘的痛處，她抱怨：「我真的不知道要跟美國人聊什麼耶！」

直到加入了員工組成以美國人居多的科技公司，我才終於對「脫離舒適圈」有了實際體會。在學校，只要認真念書、考試寫報告，很容易就能以絕佳成績畢業，但在職場，很現實的是，除了會做事，還要會做人，如果能跟同事相處融洽，很多事會容易許多。

自認不會怯場的我，居然也成為「沉默的亞洲人」。

想融入美國文化，英文好是不夠的

我在美國的第一份工作是中資企業，跟講中文的同事相處自然沒問題，要講笑話還是要辯論都能順暢無礙；廣告代理商的工作是負責亞洲市場，同事以印度、韓國、中國、香港人組成，大家的共通語言雖然是英文，但文化背景相似，聊天也沒遇到什麼太大的困難。直到現在成為公司裡少數的亞洲人，更是極少數英文不是母語的人，我失去了之前的主場優勢，不只開會時常來不及發言，連美國人最愛的閒聊都聊得七零八落。

我想起剛加入公司時，主管莎莎隔週會針對我的職涯發展跟我開會，她會不斷問我問題，像是：「妳最樂在其中的任務是哪個？」「哪些任務會讓妳覺得充滿能量？」「有沒有任務讓妳覺得很沮喪？」藉此來找出我喜歡做什麼、擅長做什麼、不想做什麼、想要加強哪些方面。

我很明確知道我喜歡做跨文化溝通，喜歡當美國跟亞洲市場間的橋梁，代表一個公司跟日本、新加坡、香港的客戶接觸；對內，我可以提供來自亞洲的觀點，讓美國公司進入亞洲市場時可以尊重當地文化，對外，我成為客戶信任的窗口，他們知道有我在，可以省去許多因為文化差異引起的誤會。但針對「有沒有任務讓妳很沮喪？」這個問題，我左思右想後告訴莎莎：「可能會是我是整組唯一英文不是母語的人，寫報告要花比別人更多時間蒐集資料，再花時間確認文法跟拼字吧。開會時，我也常常需要時間整理腦袋裡的思緒，會有種很吃力的感覺。」

莎莎透過螢幕，堅定地看著我：「妳的跨文化背景是我們組裡最有價值的資產，英文不應該成為妳的阻礙，每個人溝通的方式不一樣，我講話很快，但也有美國人慢慢講話，只要能好好表達想說的，速度絕對不是衡量工作表現的標準。」

要懂得「吹噓」自己？

後來莎莎因為個人生涯規劃離職了，我的新主管米希亞也在職涯成長會議講出類似的話：「妳是整個公司最了解某市場的人，妳寫的策略報告讓所有主管都刮目相看，如果沒有妳，我們這組可能會停擺，妳明明就做了一堆事，為什麼上一季的自我評量裡都沒有寫到這些成就呢？妳必須懂得吹噓自己！（You have to brag about yourself.）」

上一個對我說出這句話的人是教授波波，她看我在企業參訪，都只會乖乖在一旁聽別人發言，於是氣急敗壞地拿著我的上一本書，衝去跟CNN晨間節目的製作人說：「我學生之前是臺灣的國際新聞記者，她還出書了呢！」波波告訴我：「妳的學、經歷非常亮眼，妳必須懂得吹噓妳自己。」

以前在臺灣，我是一個覺得自己有所表現就會向主管爭取回報的人：「我做了這麼多事才拿這點薪水，你覺得合理嗎？」但到了美國，身邊大多數人都很會「brag」，做了兩成的事，放到他們嘴上就會變成一百二十趴。但我左想右想，很多我手上的任務都還在進行中，如果現在就拿出來大講特講，到時沒做到不就很糗？而且每次聽那些很會吹牛的人講話，都會在心底自動打折扣，我不想要我講出去的話也不被信任啊，這真的是一個在美國職場很吃虧的個性。

「但我就是不會也不想啊，很多事情都還沒做完，我不覺得這能算成功績。」聽到米希亞建議我多「吹噓」後，我這樣回答。

在我的公司，事情絕對不會停止在「我不會、我不想」，米希亞繼續對我循循善誘：「妳認為何謂職涯上的成長？」

我已經在職場打滾多年，也知道最重要的答案要放在最後說，所以我舉了幾個成長目標後，緩緩說出：「最重要的還是薪資的成長。」

隔著鏡頭，米希亞笑了：「妳都不讓人家知道妳做了這麼多事，誰知道要升妳職、加妳薪？」她緊接著說：「那這樣，我們從增加妳的能見度開始吧！我知道妳不擅長經營人脈，但我希望妳多跟其他團隊的人接觸，下個月ＸＸ的團隊有個新人加入，妳可以當他的導師嗎？」我勉為其難答應後，她還繼續打蛇隨棍上：「還有，大長官在問有誰可以主導十二月的聖誕節活動，妳要試試嗎？」

這些事其實都不會花太多時間，卻會增加我極大的心理壓力，但做自己不擅長的事，本來就不會跟躺在沙發上吃爆米花一樣舒爽，我咬著牙答應了所有任務，「增加能見度」就成為我的職涯成長目標之一。

加入新公司，就像是經歷了一場震撼教育，也感受到所有事情都是一體兩面，我可以把這些任務想成是在增加我的工作量，也可以把它看作是主管真的很關心我的能見度及職涯發展，畢竟有很多能力並非是「專業」的問題，卻可能影響到我如何跟同事建立關係，以及自己的職場表現和評價。而要帶著抱怨還是微笑迎向挑戰，都在我的一念之間。

直到我成了面試官

過去雖有面試同事、助理記者的經驗，
面試自己的主管倒是頭一遭，
這也顯示了公司非常注重團隊的氣氛與默契，
也在乎應徵者的個性、溝通能力
是否能融入目前的團隊文化。

到職後不久，公司就宣布拿到了C輪融資，這是對新創企業來說是一個關鍵，代表公司跟產品已經開始邁向成熟，主要的金融機構也開始想要投資，公司正式邁入了快速成長期。我加入的時候，公司約莫只有百餘人，半年後，員工已經成長了快要一倍，而且還在持續招聘當中。

自己面試自己想要的主管

我入職三個月後，主管莎莎在跟我一對一的會議當中跟我說，她錄取了全美頂尖MBA，學校不能讓她延後入學，必須忍痛辭職去唸書，不能跟我一起看著公司發展起飛，她覺得實在遺憾。我聽到後除了震驚，還有點鼻酸，因為莎莎是我遇過最正直、最有領導能力的主管，入職後她一直擔任我的導師，帶我理解公司文化，也很在乎組員的職涯成長，更嚴格要求我們維持工作與生活的平衡。

我剛入職時，自己是全組唯一一個英文非母語的人，蒐集完所有資訊後，還要用英文寫報告，相對地會比別人花更多時間，但我不想讓英文成為自己進度緩慢的藉口，所以抱著今日事今日畢的精神，常常到晚上八點多還在線上。我們團隊的大多數人都在西岸，所以我幾乎是跟著西岸的人一起下班。

莎莎曾經發現我很晚還掛在線上，對我說：「我發現妳工作到很晚，請記得妳不用一個人完成工作，需要幫助要說，工作量也可以調整。還有，我們會在妳下班時傳訊息或email，那是因為我們晚紐約三小時，我希望妳可以為工作跟生活畫下界線，請不要覺得妳一定要在下班時間回訊息或email。」

我在美國很常被問到我的「role model」是誰？role model的意思是模範、榜樣。在過去，我的腦海裡真的擠不出幾個名字，不是因為我覺得自己很厲害，而是我覺得role model除了專業表現要出色，倫理道德、人格上也要高於一般標準才可以，直到我跟莎莎共事後，她就成了我的榜樣，我一直期許自己能有她的工作能力、表達能力，還有在遇到困難時勇敢為組員挺身而出，每當團隊達到一個重要里程碑，她都會把功勞歸功於組員，這就是我想成為的人。

所以當莎莎宣布要離職，我真的非常傷心，除了失去一個好主管，也失去了一個朋友、一個學習對象。莎莎安慰我：「妳會沒事的。」她也對其他同事許下承諾：「你們未來的主管，你們自己面試，我保證你們會有機會跟應徵者談話，我想要確保你們都想要跟對方工作才錄取。」

過去我有面試過同事、助理記者的經驗，但面試自己的主管倒是頭一遭，這也顯示了公司真的很注重我們的工作經驗，也非常在乎應徵者的個性、溝通能力是否能融入現有的團隊文化，最重要的是，確保團隊的工作氣氛、默契好，才能保持我們的工作效率。公司確實說到做到，我跟同事陸續面試了幾個應徵者，順利找到了新主管米希亞。

從求職者變成面試官

米希亞加入後，我們公司仍在持續成長，很快就宣布要多招聘幾位跟我相同位階的組員。於是我跟同事就成了固定面試官，我這才發現換了位置，看事情的角度真的會不一樣。

當我是求職者時，我以為自己的背景、專長是面試過程中最關鍵的，直到開始面試別人後才明白，專長跟背景只不過是讓你拿到入場門票，真正能讓你錄取的關鍵還是個性、溝通能力、團隊合作能力。用一句話來統整，就是要看大家想不想跟你一起工作。

就我開始當面試官後的觀察，我覺得成功的求職者特質都是有很好的溝通能力，以及能夠展現想要這份工作的熱情。我時常在LinkedIn上收到訊息，簡短寫道對我們公司的職位有興趣，希望能夠聊聊。老實說，這樣不夠完整的訊息非常唐突，反而會讓人懷疑你是否真的想要這份工作？

不是不能傳訊息給不認識的人，我以前也曾用過同樣的方式，但一封好的冷郵件

（cold mail）[2]裡應該包含：自我介紹、背景與專長、對公司或職位有興趣的理由，最後才禮貌詢問對方是否願意聊聊。但我收到的訊息大多都只有兩三句話，誠意稍顯不足，說穿了，想找工作的人這麼多，大家都對這公司有興趣，但你只要多花五分鐘寫得更清楚一些，就能增加更多機會讓人眼睛一亮，進而願意幫助你。

我想起失業那陣子，找工作多管齊下，在有興趣的公司網站投履歷、請已在公司任職的朋友內部推薦、在LinkedIn上找陌生人聊天、在社交媒體的求職群組請前輩幫我看履歷有沒有需要改善的地方。拿到第一輪面試後，還請朋友陪我練習面試，希望在面試時能流暢地表達自己，我發現我當初拿到offer的關鍵就是，我每一封信都很有誠意地介紹了自己，也對公司有詳細的調查。雖然找工作的人很多，但能好好在履歷或信件上陳述自己價值的求職者卻很少，只要抓住這些訣竅，脫穎而出也就不是難事。

面試官注重的求職者重點

面試官並不是時間到了去跟面試者聊天就好，我們事前要詳讀對方的履歷、作業，想好要問哪些問題，結束後還要跟其他面試官交換意見，著實不是件簡單的工作。求職者也可以藉此檢視面試的公司，如果面試官連你的履歷都沒有好好看過，說穿了他就是不尊重你，也不尊重自己的工作。

在美國，稍微有點規模的公司面試都有好幾關，有些問題會被問好幾次，例如「介紹一下你的經歷」、「為什麼想換工作？」、「為什麼選我們公司？」，如果在回答這三題時，求職者明顯說不出答案，基本上我就會覺得對方有點準備不足。尤其關鍵的是第三題，意外的是，這題會有超過一半以上的人都沒有好答案。要準備出能夠加分的好答案，就要先對公司職位做充足的調查，了解公司的使命、產品，自己的專長、背景跟公司有什麼連結，覺得自己能對公司做出什麼貢獻，對公司的產品有哪些熱情，將以上蒐集到的訊息內化、統整成簡單扼要的回答。問的問題聽起來簡單，其實回答是需要花費精力與練習的。如果只是回答「我想要來學習」、「我對你們公司很有興趣」，基本上有講等於沒講。

除此之外，只是單純回答對方的問題，我會覺得有點浪費能表現自己的機會，除了精準回答問題，也可以趁機突顯自己的價值，最好能加上「我過去也曾經做過什麼，有了怎樣的成績，因而對這個產業更加關注。」與自身經驗連結。

2 指跟對方關係並不熟，但試圖得到對方幫助或留下印象的信件，常見於開發客戶、初次聯絡的自我介紹信，或應徵職缺的自薦等。

不需要過度隱惡揚善

面試過程中，我們也喜歡針對一個問題深入挖掘面試者的想法，例如問對方過去曾經做過什麼樣的企畫？跟其他團隊合作時有沒有遇過什麼困難？如何解決？如果能夠重來你會怎麼做？透過這些問題，可以從那些真實且詳細的案例，從中理解面試者有沒有解決問題的能力。不過是很可惜地，有不少人沒辦法坦承說出自己失敗的經驗，只會用不痛不癢的答案含糊帶過。

例如某次我問一個求職者：「有沒有跟同事在溝通合作上有困難或遇過衝突的經驗？你是怎麼處理？」對方回答：「我有一個同事回 email 速度很慢，所以我都會直接打電話給她。」其實面試官都聽得出來，這個回答避重就輕。在職場上難免都犯過錯，面試官不會因為你犯過錯而扣分，反而會希望你有解決、補救錯誤的能力，畢竟一個創新團隊是大家要一起往前，難免跌倒，無論是靠自己的力量或尋求幫助，都必須懂得怎麼站起來，才能再度朝目標前進。

後記　一邊飛、一邊造飛機

新創圈的人很喜歡在公司朝令夕改時說一句話：「我們一邊飛、一邊建造這架飛機。」代表能在新創公司工作的人有一項能力很必須，就是面對模糊的方向，因為創新沒有模式可以依循，邊走邊做、邊錯邊修正，同時也需要保有彈性，面對突如其來的改變。

這句話令我感觸良多，因為這也很像我在美國的冒險，在進入現在的公司前，我永遠不確定三個月後我會在哪裡、在做什麼，但也只能兵來將擋、水來土掩。失敗了，就不要在同個地方再跌倒一次，成功了，就能面對一個升級的自己。

來美國三年，我常常想念臺灣的好，公家機關有效率、捷運便宜又乾淨、有全能的便利商店、吃都吃不完的美食。我其實很不喜歡聽到人家用「鬼島」稱呼臺灣，不只因為臺灣是孕育我的國家，更因為以臺灣人的努力跟堅毅，在世界上的任何地方都有可能發光。臺灣文化喜歡教育孩子「好還要更好」，但美國人習慣因為一點小事就捧著你的臉

來到紐約，脱離保護傘，我獨自面對了許多難關。

稱讚一番，我希望這種鼓勵文化能在臺灣更興盛一點，因為臺灣很多地方都很棒，自己人更不應該時常唱衰。

美國雖然是個充滿機會的國家，但新移民要在這裡扎根生存，不可能一帆風順，必然要經過許多跌跌撞撞。在原生國家的經歷要砍掉重練，初期還可能為了簽證、身分問題委曲求全，而身為亞裔，權利不受重視、被犧牲的情況更是時有所聞，離開家，脫離了熟悉的保護傘，遇到所有的困難都只能關關難過關關過。

邊飛邊造飛機這句話，也是人生的道理，沒有人一生下來就坐在飛機裡、知道自己要去哪裡，只能一邊探索、一邊加強自己的裝備，期望自己飛往更好的地方，而我也期許能夠一直保持這樣的彈性來面對人生當中大大小小的挑戰，無論過程中遇到多少亂流，只希望飛機一路上都有盡最大努力飛翔，降落時，不會帶有任何後悔。

寫完這本書後，我去拜訪了教授波波，跟她分享我要把在紐約的經歷寫成一本書，她為我感到開心，更與我分享她在疫情當中的成長。疫情發生後，我的學校轉為全線上教學，足足有一年半的時間，波波都只能對著電腦螢幕教學，她無法透過現場的互動確保學生理解授課內容，甚至連學生有沒有專心上課都不知道，所以她花了很多心力，研究出線上課程的分組互動模式，希望學生不要只是呆坐在電腦前單方面的吸收知識。

「疫情結束，學校也開放校園，妳應該鬆一口氣了吧？」

「沒有，因為政策規定只要有學生確診，教學就要轉為線上兩週，還是隨時要作好線上教學的準備，所以我最近在學寫程式，想把我的教學內容設計成一套電腦遊戲，增加大家的互動。」

我沒有聽錯吧？年紀超過六十歲的教授在學寫程式？她給了我「妳沒聽錯」的表情。為了順應瞬息萬變的世界，大學教媒體管理的教授也捲起袖子學習全新的知識，那還這麼年輕的我們，有什麼藉口停下自己的腳步呢？

在我失業的那段日子，許多家人朋友要我別在紐約吃苦，不如就回臺灣，我沒有多說什麼，只告訴他們：「我還想試試看自己到底能撐到什麼地步，我覺得我值得一份好工作。」我的學姐當時丟下一句話：「妳真是我看過最不懂放棄的女人！」

受挫時，當然想過放棄，畢竟拍拍屁股走人是最簡單的，我大可用「外國人簽證很難辦」或「疫情」當藉口，但我沒有選擇放棄，不是因為我愛吃苦，而是唯有經歷過跌倒的痛楚，才能在站起來又跑又跳時，感受到那種令人上癮的成就感。

回顧書中寫下的所有故事，現在看起來有點不可思議，懷疑自己到底怎麼承受那些壓力、挫折跟失敗的呢？你可能也會問，「受挫力」到底要怎麼培養？首先要擁有的心態是，沒有人的人生是一帆風順的，遇到困難極其正常，完全不需要因此覺得丟臉或不如別人。與其陷入低潮，不如把時間花在思考「如何跳脫困境」，我在遇到困難的當下，第一個想法就是「哪裡有問題就解決」，只要還能修正或補救，就不要放棄機會。

必須老實說，我也不是那麼正向思考的人，遇到天外飛來的挑戰時也會沮喪、哭泣，在紐約這一千多個日子裡，單靠我自己一個人的力量絕對不可能走到今天，我非常幸運地擁有疼愛我的家人、全力支持我的男友；一群同時來到紐約、一起跌跌撞撞的戰友；在臺灣的好友會隨時關心我、要我記得「我永遠有地方回」；從小一起長大的好姐妹也總在危急時刻對我伸出援手，說到底，讓紐約沿途風景這麼美的，是這些真心相待的人，以及深切的羈絆。

衷心感謝一路上教我、陪我、體諒我、鼓勵我的每一個人，謝謝我的編輯蘊雯發掘了在大蘋果的小故事，一路上展現的專業也讓我感受到，認真把一件事情做好，就會散發出很不一樣的光芒。也謝謝決定買下這本書的你，希望我們都可以勇敢面對生命帶來的挑戰，持續追求更美好的自己。

勇闖大蘋果！紐約的「受挫力」養成課／翁琬柔 著 – 初版 . – 臺北市：時報文化，2022.1；面；14.8╳21 公分 . --（ACROSS：060）

ISBN 978-957-13-9776-4（平裝）

1. 翁琬柔 2. 回憶錄 3. 文化衝突 4. 美國

783.3886　　110019921

ISBN 978-957-13-9776-4
Printed in Taiwan.

ACROSS 060

勇闖大蘋果！紐約的「受挫力」養成課

作者　翁琬柔｜**主編**　陳信宏｜**副主編**　尹蘊雯｜**執行企畫**　吳美瑤｜**美術設計**　FE 設計｜**內頁排版**　極翔企業有限公司｜**編輯總監**　蘇清霖｜**董事長**　趙政岷｜**出版者**　時報文化出版企業股份有限公司　108019 臺北市和平西路三段 240 號 3 樓　發行專線—(02)2306-6842　讀者服務專線—0800-231-705 · (02)2304-7103　讀者服務傳真—(02)2304-6858　郵撥—19344724 時報文化出版公司　信箱—10899 臺北華江橋郵局第 99 信箱　時報悅讀網—www.readingtimes.com.tw 電子郵件信箱—newlife@readingtimes.com.tw　時報出版愛讀者—www.facebook.com/readingtimes.2｜**法律顧問**　理律法律事務所　陳長文律師、李念祖律師｜**印刷**　華展印刷有限公司｜**初版一刷**　2022 年 1 月 7 日｜定價 新臺幣 320 元｜（缺頁或破損的書，請寄回更換）

時報文化出版公司成立於 1975 年，1999 年股票上櫃公開發行，2008 年脫離中時集團非屬旺中，以「尊重智慧與創意的文化事業」為信念。

New York

New York